Impressum
Verlag: BABADADA GmbH, Nedderfeld 112 , 22529 Hamburg
Geschäftsführer / Verlagsleitung: Harald Hof
Druck: Books on Demand GmbH, In de Tarpen 42, 22848 Norderstedt

Imprint
Publisher: BABADADA GmbH, Nedderfeld 112 , 22529 Hamburg, Germany
Managing Director / Publishing direction: Harald Hof
Print: Books on Demand GmbH, In de Tarpen 42, 22848 Norderstedt, Germany

ቤት-ትምህርቲ

школа

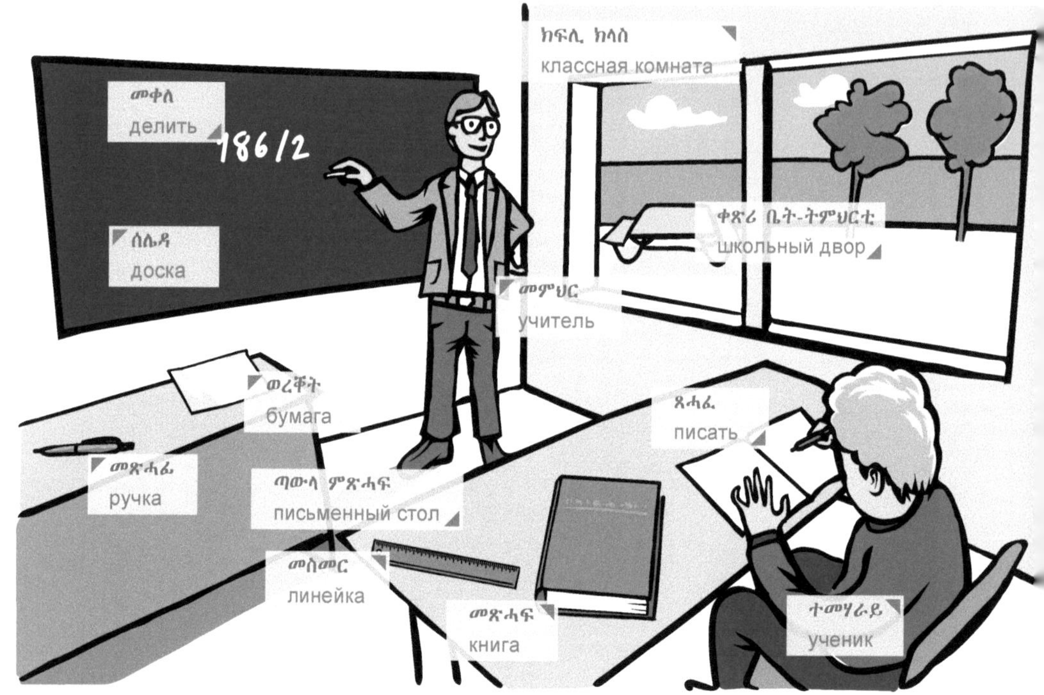

ክፍሊ ክላስ
классная комната
መቀለ
делить
186/2
ሰሌዳ
доска
ቀጽሪ ቤት-ትምህርቲ
школьный двор
መምህር
учитель
ወረቐት
бумага
ጸሓፈ
писать
መጽሓፊ
ручка
ጣውላ ምጽሓፍ
письменный стол
መስመር
линейка
መጽሓፍ
книга
ተመሃራይ
ученик

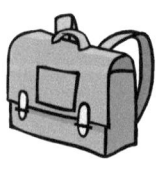

ሳንጣ ትምህርቲ
....
ранец

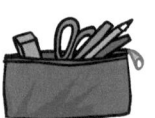

ሰፈር ብርዒ
....
пенал

ርሳስ
....
карандаш

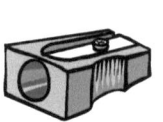

መብልሒ ርሳስ
....
точилка

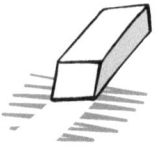

መደምሰሲ
....
ластик

ጥራዝ ስእሊ
....
альбом для рисования

ስእሊ

рисунок

ብርዒ ቀለም

кисточка

ቦክስ ቀለም

коробка красок

መቐስ

ножницы

መጣበቒ

клей

ጥራዝ መላመዲ

тетрадь

ዕዮ ገዛ

домашняя работа

12

ቁጽሪ

цифра

2+2

መሰኸ

прибавлять

5-2

ጎደለ

вычитать

2×2

ረብሓ

умножать

ደመረ

считать

A

ፊደል

буква

ABCDEFG HIJKLMN OPQRSTU VWXYZ

ስርዓተ ፊደላት

алфавит

ቃል

слово

ጽሑፍ

текст

አንበበ

читать

ኩርሽ

мел

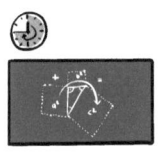

ሰዓት

урок

መዝገብ ክላስ

классный журнал

መርመራ

экзамен

ሰርቲፊከት

диплом

ድቢዛ ቤትትምህርቲ

школьная форма

ትምህርቲ

образование

ለክሲኮን

энциклопедия

ዩኒቨርሲቲ

университет

ሚክሮስኮፕ

микроскоп

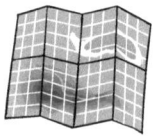

ካርታ

карта

ጎሓፍ ወረቐት

корзина для бумаг

መገሻ

путешествие

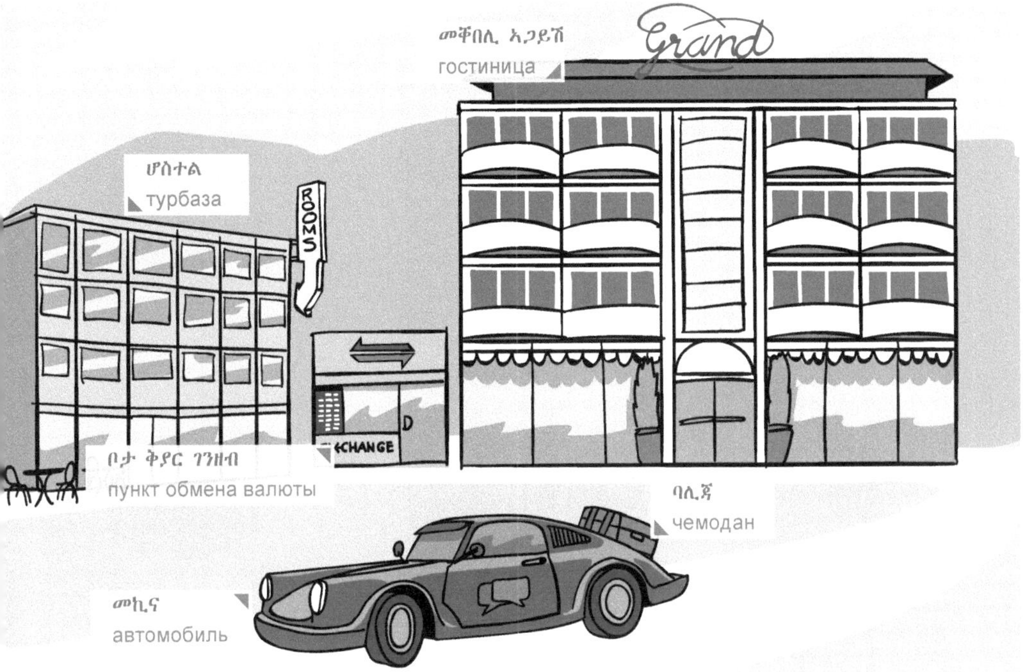

መቐበሊ ኣጋይሽ
гостиница
Grand
ሆስተል
турбаза
ROOMS
ቦታ ቅያር ገንዘብ
пункт обмена валюты
ባሊጃ
чемодан
መኪና
автомобиль

ቋንቋ

язык

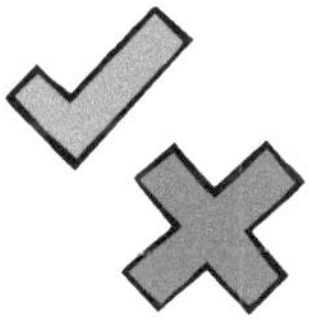

እወ / ኖ

да / нет

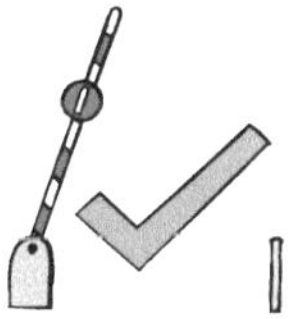

ሕራይ

хорошо

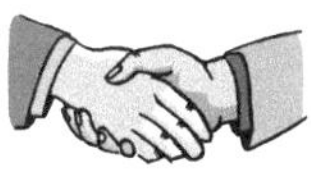

ሰላም

Привет

ኣስተርጓሚ

переводчик

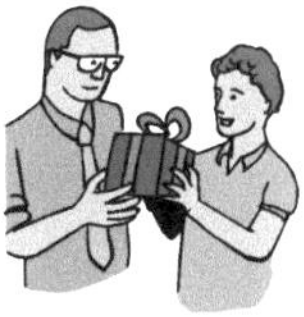

የቐንየለይ

Спасибо

. . . ክንደይ ዋግኡ?

Сколько стоит…?

ኣይተረድኣኹን

Я не понимаю

ሽግር

проблема

ሰላም ምሸት!

Добрый вечер!

ከመይ ሓዲርካ

Доброе утро!

ሰላም ለይቲ

Доброй ночи!

ደሓን ኩን

До свидания

ኣንፈት

направление

ጉዓዝ

багаж

ሳንጣ

сумка

ሳንጣ ሕቖ

рюкзак

ጋሽ

гость

ክፍሊ

комната

ክሻ መደቀሲ

спальный мешок

ቴንዳ

палатка

ሓበሬታ በጻሕቲ ሃገር

туристическая информация

ገምገም ባሕሪ

пляж

ክረዲት ካርድ

кредитная карточка

ቁርሲ

завтрак

ምሳሕ

обед

ድራር

ужин

ቲከት

билет

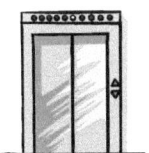

ሊፍት

лифт

ማሕተም ደብዳበ

почтовая марка

ዶብ

граница

ድንበ

таможня

ኤምበሲ

посольство

ቪዛ

виза

ፓስፖርት

паспорт

መጓዓዝያ

транспорт

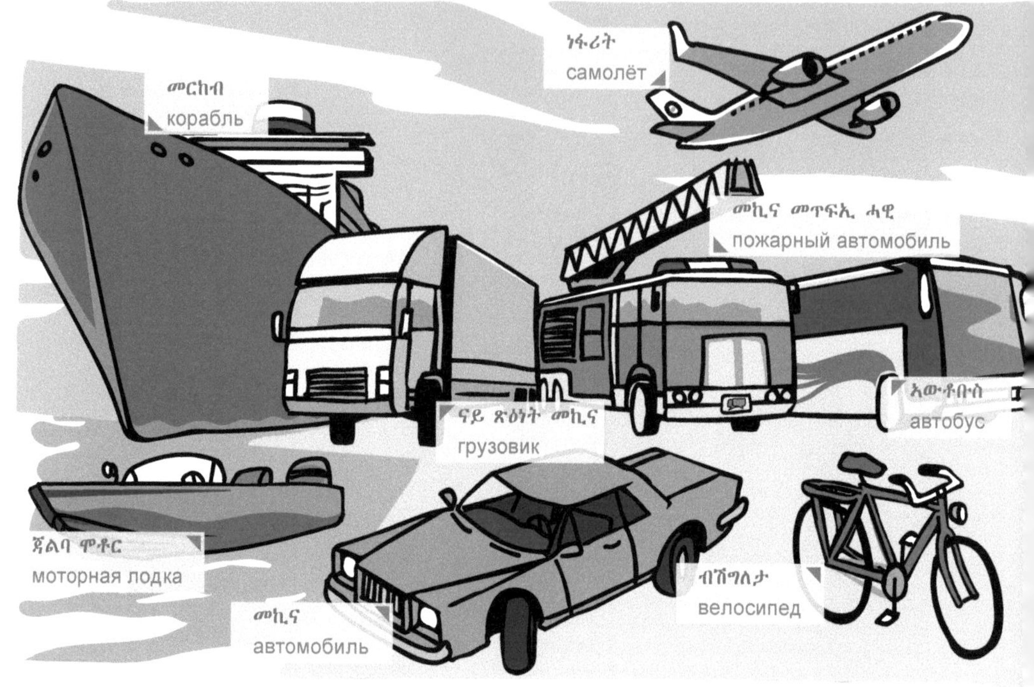

ነፋሪት
самолёт
መርከብ
корабль
መኪና መጥፍኢ ሓዊ
пожарный автомобиль
ናይ ጽዕነት መኪና
грузовик
ኣውቶቡስ
автобус
ጃልባ ሞቶር
моторная лодка
ብሽግለታ
велосипед
መኪና
автомобиль

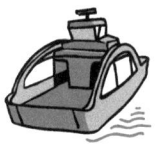

ፈሪ

паром

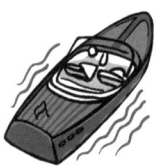

ጃልባ

лодка

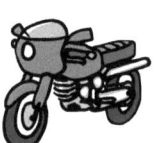

ሞቶ

мотоцикл

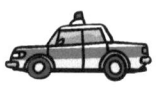

መኪና ፖሊስ

полицейский автомобиль

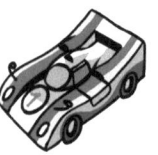

መኪና ቅድድም

гоночный автомобиль

ክራይ መኪና

арендованный автомобиль

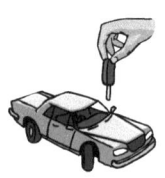

ምውፋይ መኪየን

совместное пользование
автомобилями

መወሰዲ መኪና

буксировочный
автомобиль

መኪና ጎሓፍ

мусоровоз

ሞቶC

двигатель

ነዳዲ

топливо

እንዳ ነዳዲ

заправка

ምልክት ትራፊክ

дорожный знак

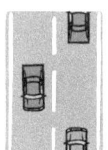

ትራፊክ

движение

ምጭቅጫቅ ትራፊክ

пробка

መዐሸጊ መኪና

автостоянка

መዕረፊ ባቡC

вокзал

ሓዲግ

рельсы

ባቡC

поезд

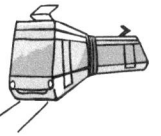

ትራም

трамвай

ባጎኒ

вагон

ሄሊኮፕተር

вертолёт

መዓረፊ ነፈርቲ

аэропорт

ታወር

вышка

ተጓዓዚ

пассажир

ኮንተይነር

контейнер

ሳንዱቅ ካርቶን

коробка

ኮርሳ ጽዕነት

тележка

ዘንቢል

корзина

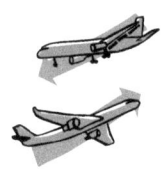

ተበገሰ / ዓለበ

взлетать / приземляться

ከተማ

город

ቀኺት

деревня

ማእከል ከተማ

центр города

ገዛ

дом

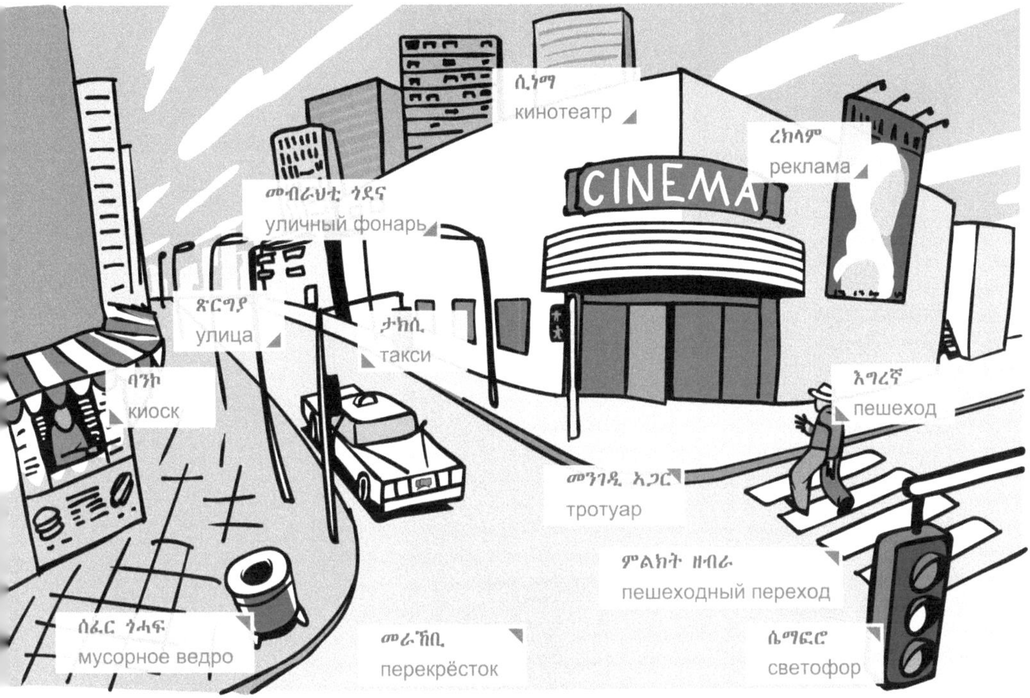

ሲነማ
кинотеатр

ረክላም
реклама

መብራህቲ ጎደና
уличный фонарь

CINEMA

ጽርግያ
улица

ታክሲ
такси

እግረኛ
пешеход

ባንኩ
киоск

መንገዲ አጋር
тротуар

ምልከት ዘብራ
пешеходный переход

ሰፈር ጎሓፍ
мусорное ведро

መራኸቢ
перекрёсток

ሴማፎር
светофор

አጉዶ
хижина

አፓርትመንት
квартира

መዕረፊ ባቡር
вокзал

ቤት ምምሕዳር
ратуша

ቤተ መዘክር
музей

ቤት-ትምህርቲ
школа

ዩኒቨርሲቲ

университет

ባንክ

банк

ሆስፒታል

больница

መቆበሊ አጋይሽ

гостиница

ቤት መድሃኒት

аптека

ቤት ጽሕፈት

офис

ዱኳን መጽሓፍቲ

книжный магазин

ዱኳን

магазин

ዱኳን ዕንባባ

цветочный магазин

ሱፐርማርክት

супермаркет

ዕዳጋ

рынок

ሹቅ

универмаг

ነጋዳይ ዓሳ

торговец рыбой

ሹቅ

торговый центр

መርሳ

порт

መዘናግዒ
парк

ባንኪ
скамейка

ድልድል
мост

መደያይቦ
лестница

ባቡር ትሕቲ ምድሪ
метро

ቢንቶ
тоннель

መዕረፊ ኣውቶቡስ
автобусная остановка

ቤት መስተ
бар

ቤት-መግቢ
ресторан

ሰታሪት
почтовый ящик

ታቤላ
табличка с названием
улицы

ሰዓት ፓርኪንግ
паркометр

መካነ እንስሳታት
зоопарк

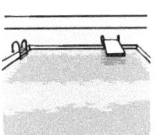

መሓምበሲ
бассейн

መስጊድ
мечеть

ቤት ሕርሻ
....
ферма

ብክለ
....
загрязнение окружающей
среды

መቓብር
....
кладбище

ቤተክርስትያን
....
церковь

ቦታ ምጽዋት
....
детская площадка

ቤት መቕደስ
....
храм

ስእሊ መሬት
ландшафт

አቝጽልቲ
лист

መሕበሪ መገዲ
дорожный указатель

መገዲ
дорога

ሽኻ
луг

እምኒ
камень

ኣግራብ
дерево

ኮብላሊ
путешественник

ፈለግ
река

ሰዓሪ
трава

ዕንባባ
цветок

ስንጭሮ
....
долина

ጎб
....
гора

ቀላይ
....
озеро

ዱር
....
лес

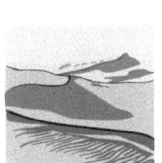

ምድረ በዳ
....
пустыня

እሳተ-ጎመራ
....
вулкан

ግምቢ
....
замок

ቀስተ-ደመና
....
радуга

ቃንጥሻ
....
гриб

ዓርቀብኮባይ
....
пальма

ጣንቡ
....
комар

ሃመማ
....
муха

ጸጸ
....
муравей

ንህቢ
....
пчела

ሳሬት
....
паук

ስእሊ መሬት - ландшафт   15

ሕንዚዝ

жук

ዕንቍርዖብ

лягушка

ምጽጹላይ

белка

ቅንፍዝ

еж

ማንቲለ

заяц

ጉንጓ

сова

ጬሩ

птица

ስዋን

лебедь

መፍለስ

кабан

· ዓጋዝን

олень

ሙስ

лось

ግድብ

плотина

ተርባይን ንፋስ

ветряной генератор

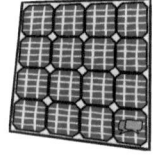

ሶላር ስርሓት

солнечная батарея

ኩነታት ኣየር

климат

ቤት-መግቢ

ресторан

አሰላፊ
официант
ካርታ
መግብታት
меню
መንበር
стул
መረቕ
суп
ፒትሳ
пицца
መመታተሪ
столовые приборы
ክዳን ጣውላ
скатерть

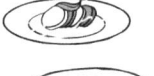

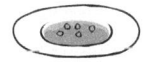

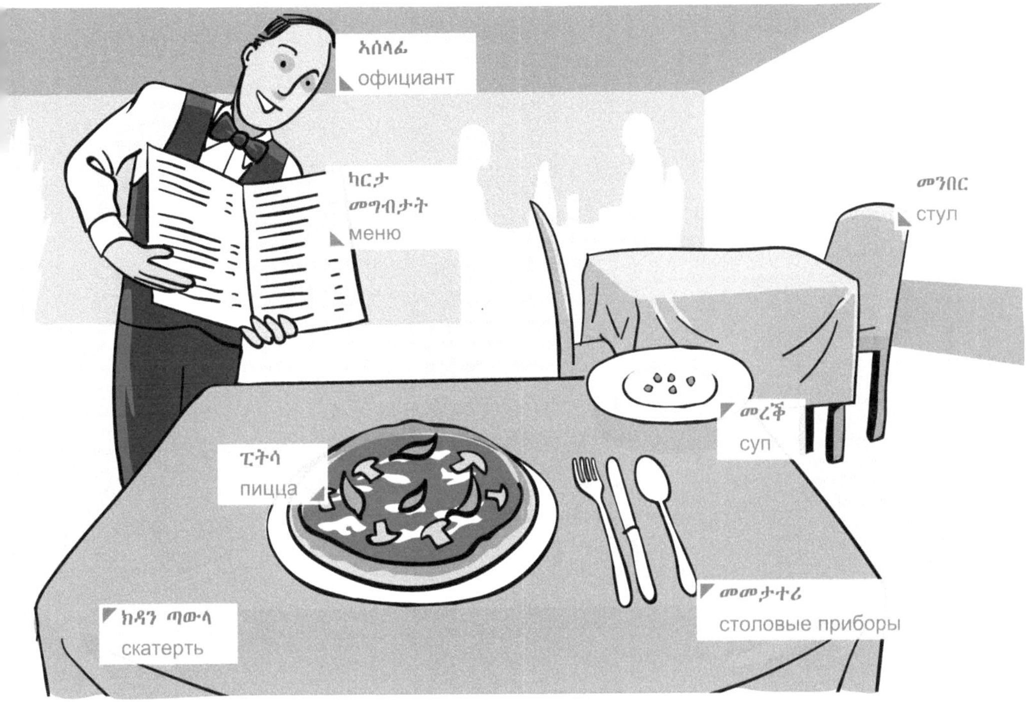

ቅድመ ቀንዲ መግቢ

закуска

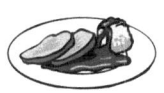

ቀንዲ መኣዲ

главное блюдо

ድሕረ መግቢ

десерт

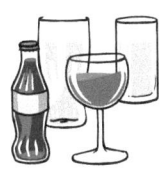

መስተ

напитки

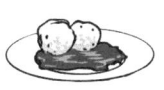

መግቢ

еда

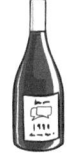

ጥርሙዝ

бутылка

ስሉጥ መግቢ

фастфуд

መግቢ ጽርግያ

уличная еда

ብርጭቆ ሻሂ

чайник

ታኒካ ሽኮር

сахарница

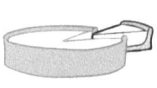

ክፋል

порция

ማሺን ኤስፕረሶ

кофеварка

ነዊሕ መንበር

детский стульчик

ጸብጻብ

счет

ታብለት

поднос

ካራ

нож

ፋርከታ

вилка

ማንካ

ложка

ማንካ ሻሂ

чайная ложка

ሰርቪዬተ

салфетка

ብኬሪ

стакан

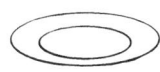

ሸሓኒ

тарелка

ሸሓኒ መረቅ

суповая тарелка

ትሕቲ ኩባያ

блюдце

ጸብሒ

соус

ወሃቢ ጨው

солонка

መጥሓን በርበረ

мельница для перца

ኣቾቶ

уксус

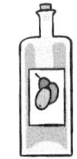

ዘይቲ

масло

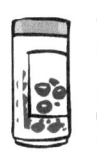

ቀመም

специи

ከቿፕ

кетчуп

ኣድሪ

горчица

ማዮኔዝ

майонез

ሱፐርማርክት

супермаркет

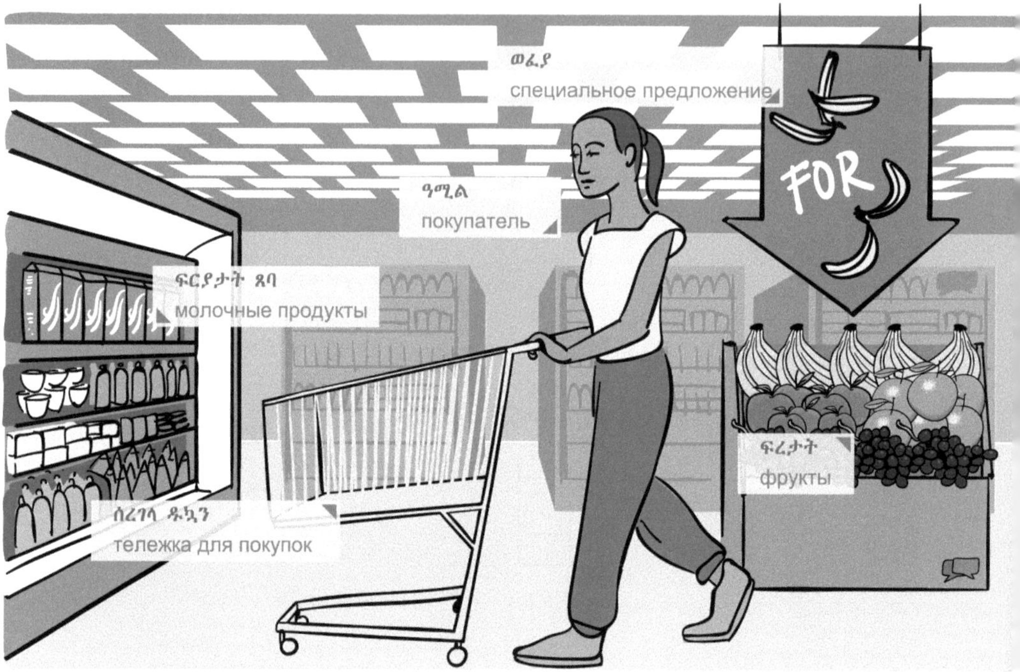

ወፈያ
специальное предложение
FOR
ዓሚል
покупатель
ፍርያታት ጸባ
молочные продукты
ፍረታት
фрукты
ሰረገላ ዱኳን
тележка для покупок

BUTCHERS

እንዳ ስጋ

мясной магазин

BAKERY

እንዳ ባኒ

пекарня

ክብደት

взвешивать

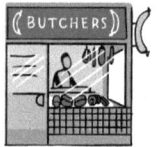

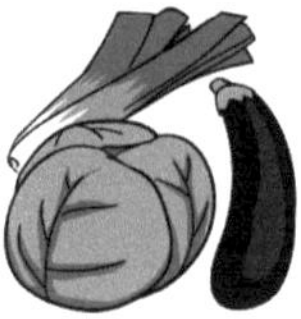

ኣሕምልቲ

овощи

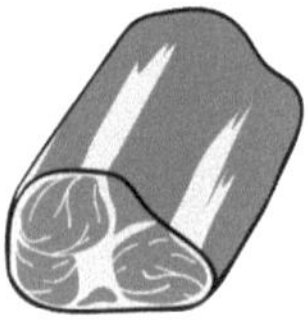

ስጋ

мясо

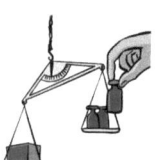

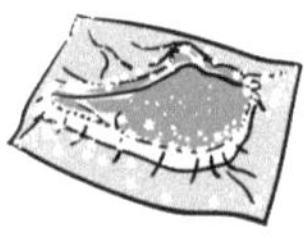

መግቢ ፍሪጅ በረድ

быстрозамороженные продукты

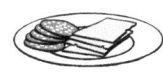

ዝሕል ቅሩብ መግቢ.

нарезка

እስታጣላ

консервы

ኦሞ

стиральный порошок

ምቁር መግቢ.

сладости

ዘቤታውያን ኣቕሑ

предмет домашнего обихода

ናውቲ መጽረዪ.

моющее средство

ሸቃጣይ

продавщица

ካሳ

касса

ተሓዝ ገንዘብ

кассир

ዝርዝር ምግዛእ

список покупок

ክፉት ስዓታት

время работы

ማሕፉዳ

бумажник

ክሬዲት ካርድ

кредитная карточка

ሳንጣ

сумка

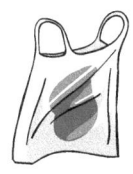

ፌስታል

полиэтиленовый пакет

напитки

ማይ

вода

ጽማቍ

сок

ጸባ

молоко

ኮላ

кока-кола

ነቢት

вино

ቢራ

пиво

ኣልኮል

алкоголь

ካካው

какао

ሻሂ

чай

ቡን

кофе

ኤስፕረሶ

эспрессо

ካፑቺኖ

капучино

ባናና

банан

ቱፋሕ

яблоко

አራንሺ

апельсин

ብርጭቆ

арбуз

ለሚን

лимон

ካሮት

морковь

ጸዕዳ ሽጉርቲ

чеснок

ባምቡስ

бамбук

ሽጉርቲ

лук

ቅንጥሽ

гриб

ፉል

орехи

ፓስታ

лапша

ስፓገቲ
....
спагетти

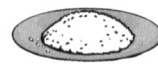

ሩዝ
....
рис

ሰላጣ
....
салат

ቅልዋ ድንሽ
....
картофель фри

ቅሉው ድንሽ
....
жареный картофель

ፒትሳ
....
пицца

ሃምቡርገር
....
гамбургер

ፓኒኖ
....
сэндвич

ቢስተካ
....
шницель

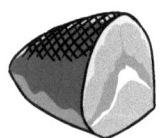

ሰለፍ ሓሰማ
....
ветчина

ሳላሚ
....
салями

ግዕዝም
....
колбаса

ደርሆ
....
курица

ቀለጠ
....
жаркое

ዓሳ
....
рыба

ገዓት

овсяные хлопья

ሙስሊ

мюсли

ኮርንፍለይክስ

кукурузные хлопья

ሓርጭ

мука

ክሮሶን

круассан

ባኒ

булочка

ባኒ

хлеб

ቶስት

тост

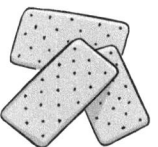

ብሽኮቲ

печенье

ጠስሚ

масло

ርጎኦ

творог

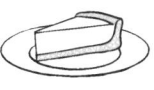

ፓስተ

пирог

እንቋቊሖ

яйцо

ቅሉው እንቋቊሖ

яичница

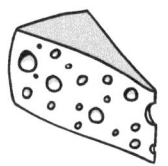

ፋርማጆ

сыр

አይስ ክሪም

мороженое

ሽኮር

сахар

መዓር

мёд

ጃም

мармелад

ኑጋት-ክሪም

крем с нугой

ኩሪ

карри

ቤት ሕርሻ
ферма

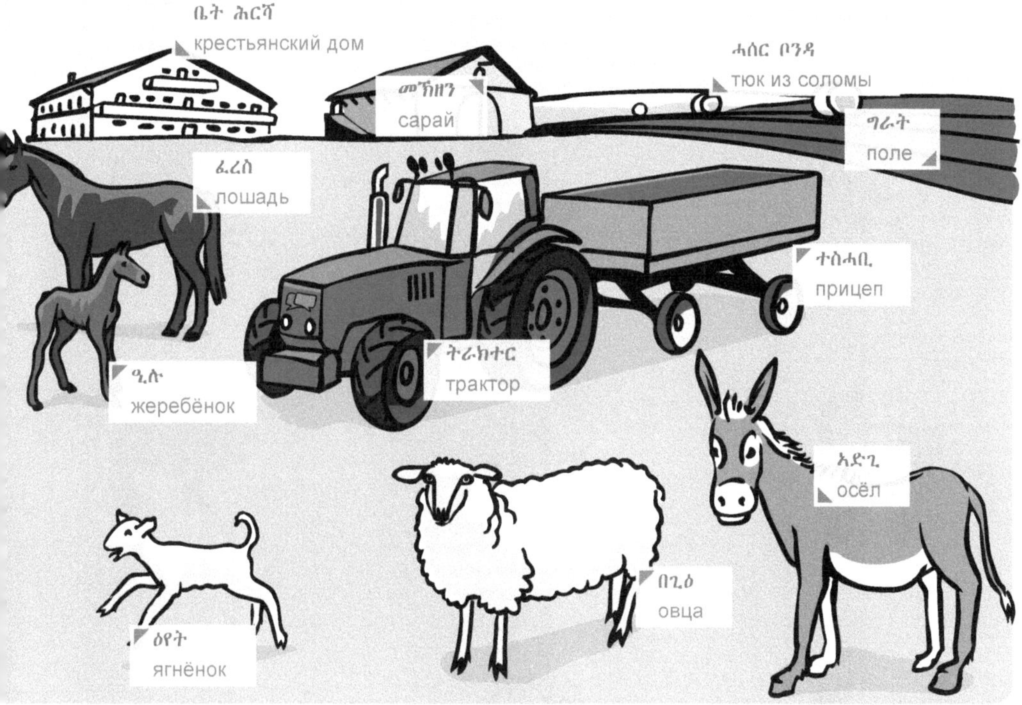
ቤት ሕርሻ
крестьянский дом
ሓሰር ቦንዳ
тюк из соломы
መኽዘን
сарай
ግራት
поле
ፈረስ
лошадь
ተስሓቢ
прицеп
ትራክተር
трактор
ዒሉ
жеребёнок
ኣድጊ
осёл
በጊዕ
овца
ዕየት
ягнёнок

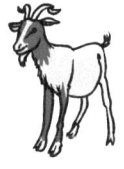

ጤል
....
коза

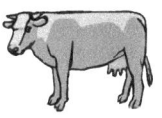

ብዕራይ
....
корова

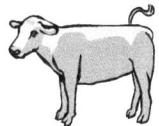

ምራኽ
....
телёнок

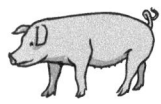

ሓሰማ
....
свинья

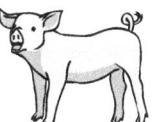

ውላድ ሓሰማ
....
поросёнок

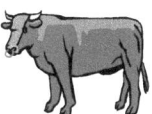

ኣርሓ
....
бык

ዓሳ
....
гусь

ማይ ደርሆ
....
утка

ጫቑላት
....
цыплёнок

ደርሆ
....
курица

ኣርሓ ደርሆ
....
петух

ኣንጨዋ ዓባይ
....
крыса

ድሙ
....
кошка

ኣንጭዋ
....
мышь

ብዕራይ
....
вол

ከልቢ
....
собака

ኣጉዶ ከልቢ
....
конура

ቱባ ጆርዲን
....
садовый шланг

መዝፈፊ ማይ
....
лейка

ዓቢ ማዕጺድ
....
коса

ማሕረሻ
....
плуг

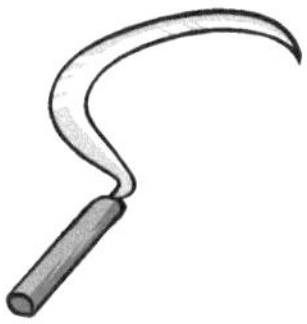

ማዕጺድ

серп

ጐኺሮ

мотыга

መስኣ

навозные вилы

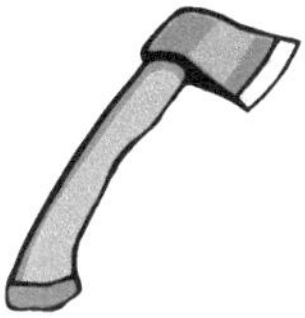

ፋስ

топор

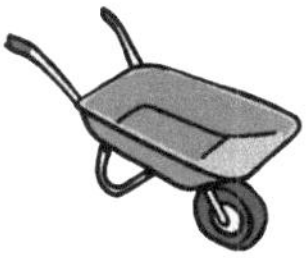

ዓረብያ ኢድ

тачка

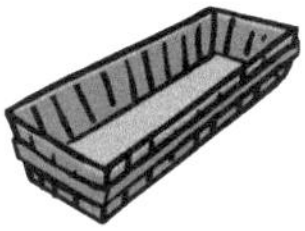

ጋብላ

корыто

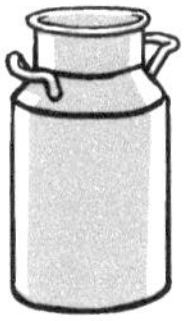

ብርጭቆ ጸባ

бидон для молока

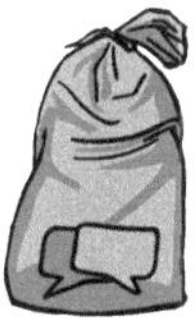

ክሻ

мешок

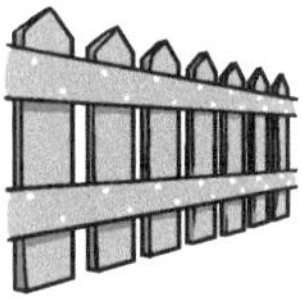

ሓጹር

забор

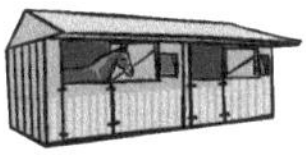

መንሰስ

хлев

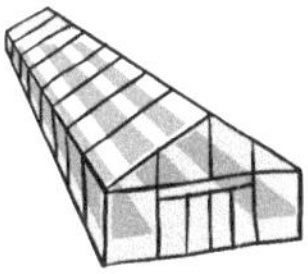

ቀጠልያ ገዛ

теплица

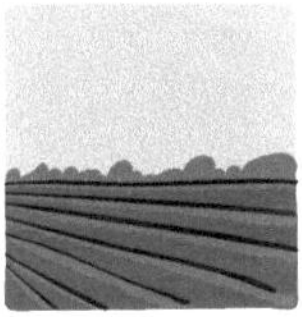

ባይታ

почва

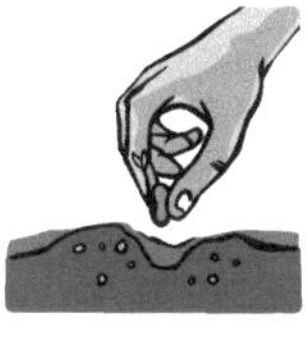

ዘርኢ

посев

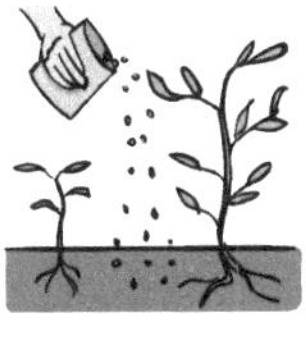

ድኹዒ

удобрение

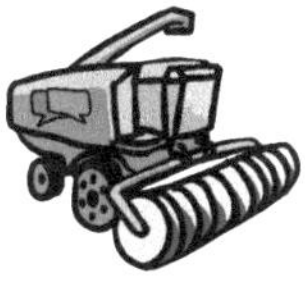

ዘጣምር ቀውዓይ

комбайн

ቀውዐ

собирать урожай

ጸጋ

урожай

ድንሽ ያም

ямс

ስርናይ

пшеница

ሶያ

соя

ድንሽ

картофель

ዕፉን

кукуруза

ራፕስ

рапс

ገረብ ፍረታት

фруктовое дерево

ማኒአክ

маниок

ኣእኸል

злаки

ДОМ

መውጽእ ትኪ
дымоход

ናሕሲ
крыша

መውሓዝ ዝናብ
водосточный желоб

መስኮት
окно

ጋራጅ
гараж

ጭር መበሊት
звонок

ማዕጾ
дверь

ጎሓፍ መገለል
мусорное ведро

ቦክስ ደብዳበ
почтовый ящик

ጀርዲን
сад

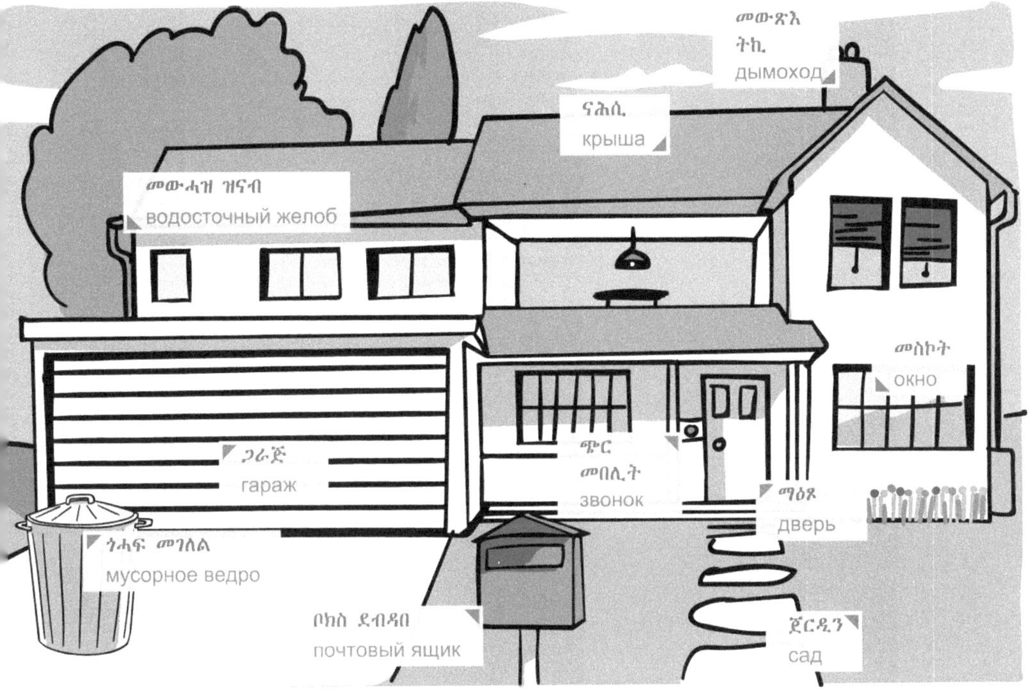

ክፍሊ ምቕማጥ

гостиная

ክፍሊ ባንዮ

ванная комната

ክሽን

кухня

ክፍሊ መደቀሲ

спальня

ክፍሊ ቆልዑ

детская комната

መመገቢ ክፍሊ

столовая

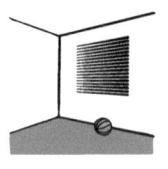

ባይታ

пол

መንደቅ

стена

ከቦርታ

потолок

ካንቲና

подвал

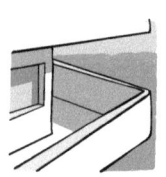

ሳውና

сауна

ባልኮን

балкон

ዛላ

терраса

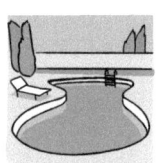

መሕምበሲ

бассейн

መቐረጺ ሳዕሪ

газонокосилка

ኣንሶላ ዓራት

пододеяльник

ከቦርታ ዓራት

покрывало

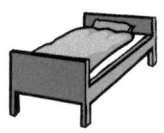

ዓራት

кровать

መኾስተር

метла

መገልል

ведро

መወልዒት

выключатель

ክፍሊ ምኽማጥ

гостиная

ወረቐት መንደቕ
обои
ስእሊ
рисунок
ላምፓ
лампа
ከብሒ
полка
ከብሒ
шкаф
ተለቪዥን
телевизор
መውጽኢ ትኪ ኣብ ገዛ
камин
ዕንባባ
цветок
መተርኣስ
подушка
ሳሎን
диван
ባዞ
ваза
ሪሞት
пульт дистанционного управления

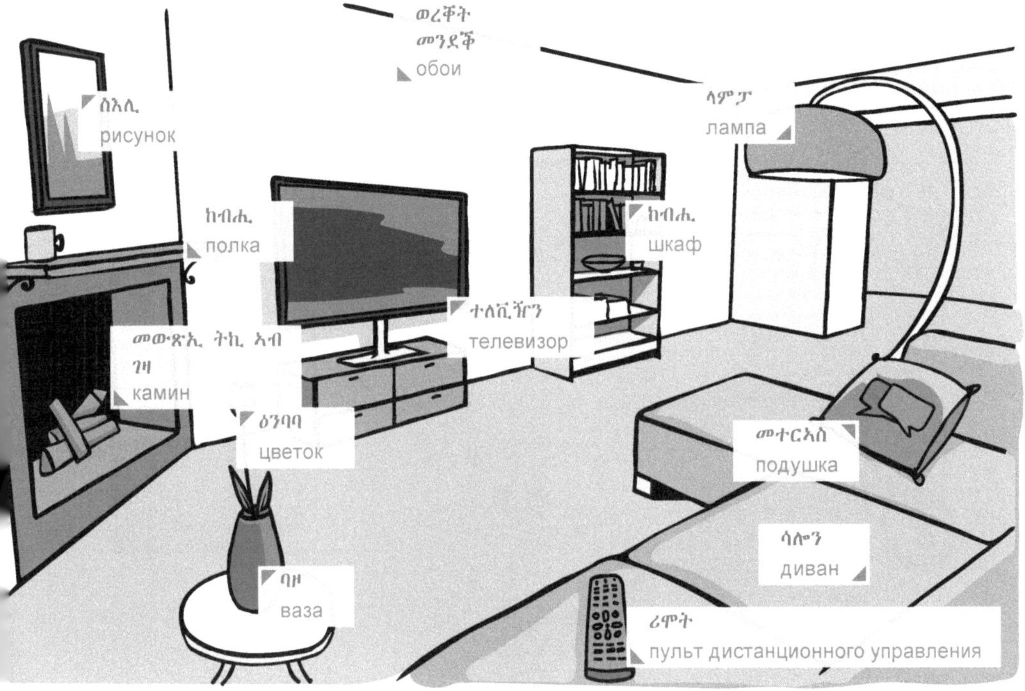

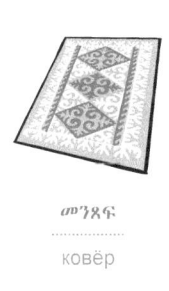

መንጸፍ
ковёр

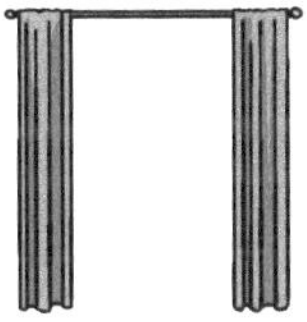

መጋረጃ
штора

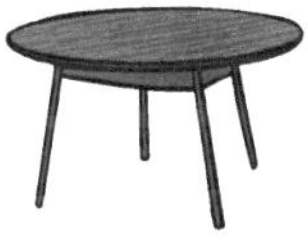

ጣውላ
стол

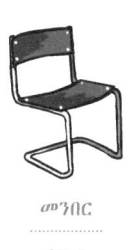

መንበር
стул

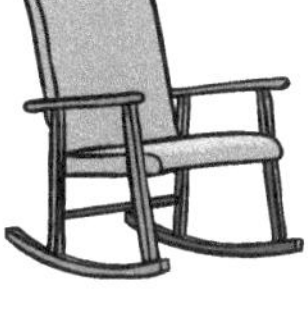

ሰለል ዝብል መንበር
кресло-качалка

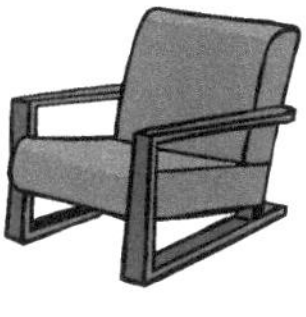

መንበር ምቹእ
кресло

መጽሓፍ

книга

ከቦርታ

покрывало

ስልማት

украшение

እንጨይቲ ሓዊ

дрова

ፊልም

фильм

ስተረዮ

стереосистема

መፍትሕ

ключ

ጋዜጣ

газета

ቅብኣ

картина

ፖስተር

плакат

ሬድዮ

радио

ጥራዝ

блокнот

መልገሲ ደርና

пылесос

በለስ

кактус

ሽምዓ

свеча

ክሽነ

кухня

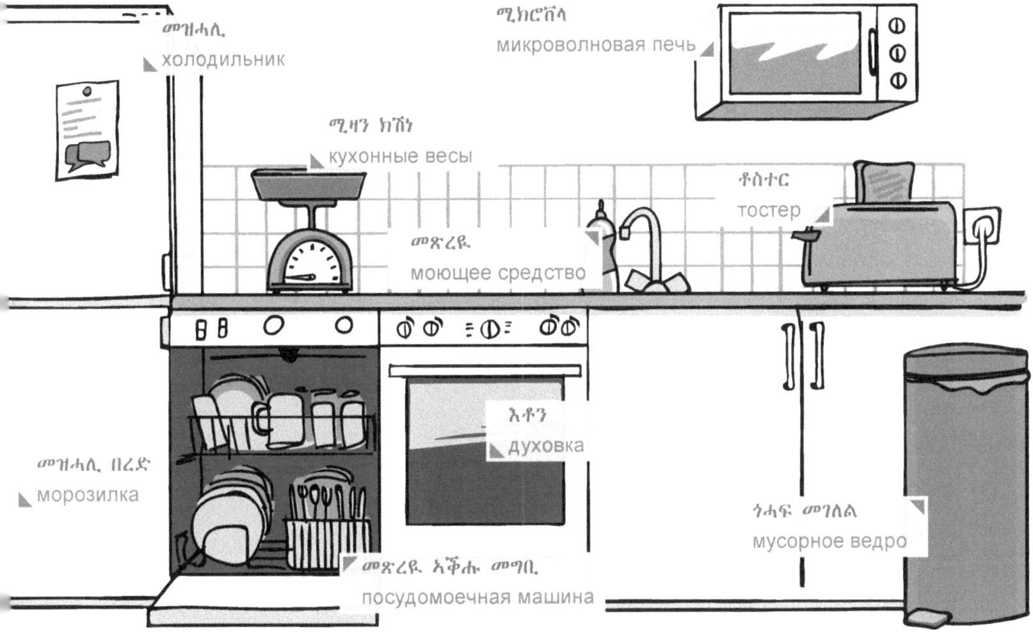

መዝሓሊ
холодильник
ሚክሮቨላ
микроволновая печь
ሚዛን ክሽነ
кухонные весы
ቶስተር
тостер
መጽረዪ
моющее средство
እቶን
духовка
መዝሓሊ በረድ
морозилка
ጉሓፍ መገለል
мусорное ведро
መጽረዪ ኣቕሑ መግቢ
посудомоечная машина

መኽሸኒ

плита

ድስቲ

кастрюля

ድስቲ ሓጺን

чугунный котелок

ዎክ/ካዳይ

вок / кадай

ባደላ

сковорода

መውዓዪ ማይ

чайник

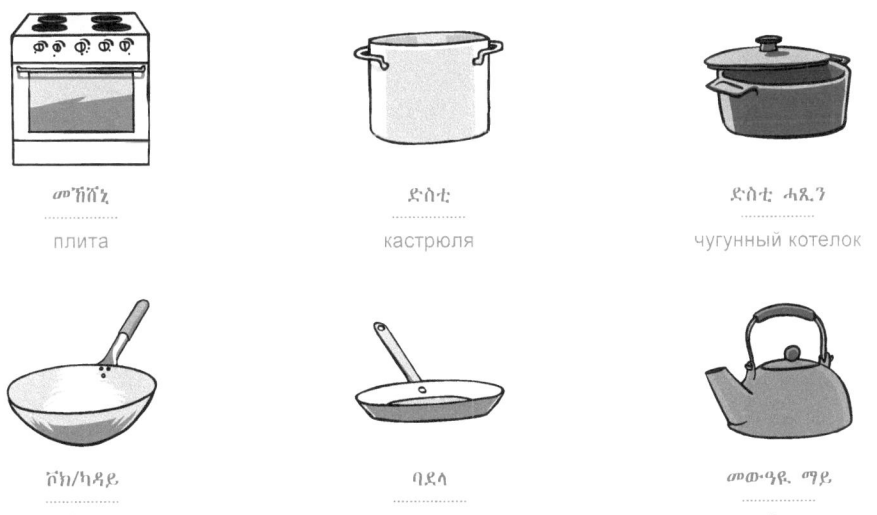

መፍልሒ

пароварка

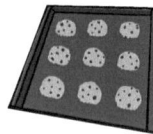

ጎንቴራ ምስንካት

противень

ኣቕሑ መግቢ

посуда

ብርጭቆ

кружка

ጭሓሎ

миска

ማንካቼና

палочки для еды

ማንካ መረቕ

половник

መገልበጢ ባደላ

лопатка

መኾስተር ውርጫ

сбивалка

መንፊት መግቢ

сито

መንፊት

сито

መፋሕፍሒ

тёрка

ሞርታር

ступка

ባርቢክዩ

гриль

ስፍራ ሓዊ

костёр

እንጨይቲ ምምታር

доска

እንጨይቲ ኩረር

скалка

መኽፈት ቡሽ

штопор

ታኒካ

жестяная банка

መኽፈቲ ታኒካ

консервный нож

ጨርቂ ድስቲ

прихватка

ቡምባ

раковина

አስባስላ

щетка

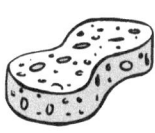

ሰፍነግ

губка

ሓዋሲ አደባላቒ

миксер

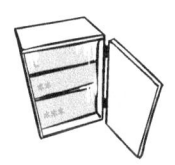

መጓሳሲ በረድ

морозильная камера

ጥርሙዝ ማማይ

бутылочка для кормления

ቡምባ ማይ

кран

መውዓዪ
отопление

መሕጸቢ ሻወር
душ

ሽጎማኖ
полотенце

ሻወር መጋረጃ
душевая занавеска

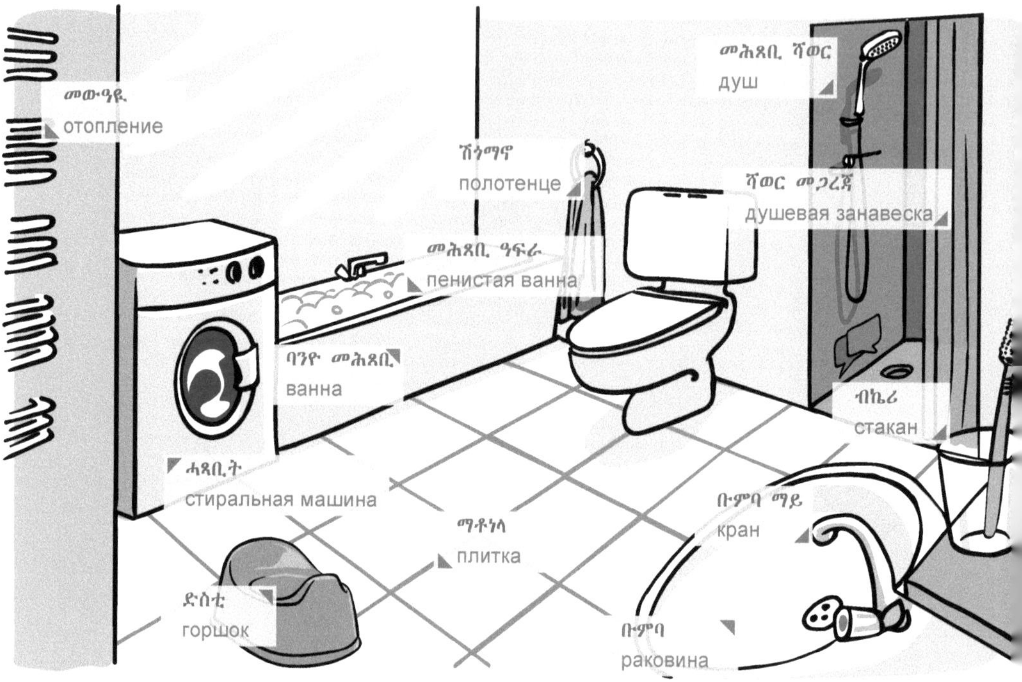

መሕጸቢ ዓፍራ
пенистая ванна

ባንዮ መሕጸቢ
ванна

ብኬራ
стакан

ሓጻቢት
стиральная машина

ማቶነላ
плитка

ቡምባ ማይ
кран

ድስቲ
горшок

ቡምባ
раковина

ሽቓቕ	ሽቓቕ ኮፍ	በዱ
туалет	напольный унитаз	биде
ሽቓቕ ተባዕታይ	ወረቐት ሽቓቕ	አስባስላ ሽቓቕ
писсуар	туалетная бумага	ершик

አስባስላ ስኒ

зубная щетка

ክሬማ ስኒ

зубная паста

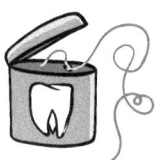

ሃሪ ስኒ

зубная нить

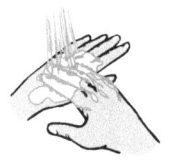

ሓጸበ

мыть

ዱሽ ኢ.ድ

ручной душ

ዱሽ

интимный душ

ብርጭቆ ምሕጸብ

таз

አስባስላ ሕቖ

щетка для спины

ሳምና

мыло

ሻወር ጀል

гель для душа

ሻምፑ

шампунь

ጨርቂ መሕጸቢ

мочалка

መውሓዚ

сток

ክሬማ

крем

ደዮ ጨና

дезодорант

መስትያት

зеркало

ናይ ኢድ መስትያት

ручное зеркало

መላጸ

бритва

ዓፍራ ምልጸይ

пена для бритья

ጨና ድሕሪ ምልጸይ

лосьон после бритья

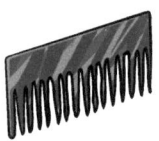

መመሸጥ

расческа

አስባስለ

щетка

መንቆጺ ጸግሪ

фен

ስፕረይ ጸግሪ

лак для волос

መመላኽዒ

косметика

ብርዒ ቀለም ከንፈር

губная помада

አዝማሊቶ

лак для ногтей

ጻምሪ ጡጥ

вата

መስደዲ ጽፍሪ

маникюрные ножницы

ጨና

духи

ሳንጣ መሕጸቢ.
....
косметичка

ድኳ
....
табуретка

ሚዛን
....
весы

ክዳን መሕጸቢ.
....
халат

ጎነቲ መጸረዩ.
....
резиновые перчатки

ታምጓን
....
тампон

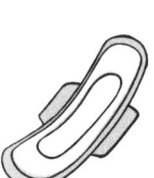

ጨርቂ ሰበይቲ
....
гигиеническая прокладка

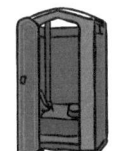

ሽቓቕ ከሚስትሪ
....
биотуалет

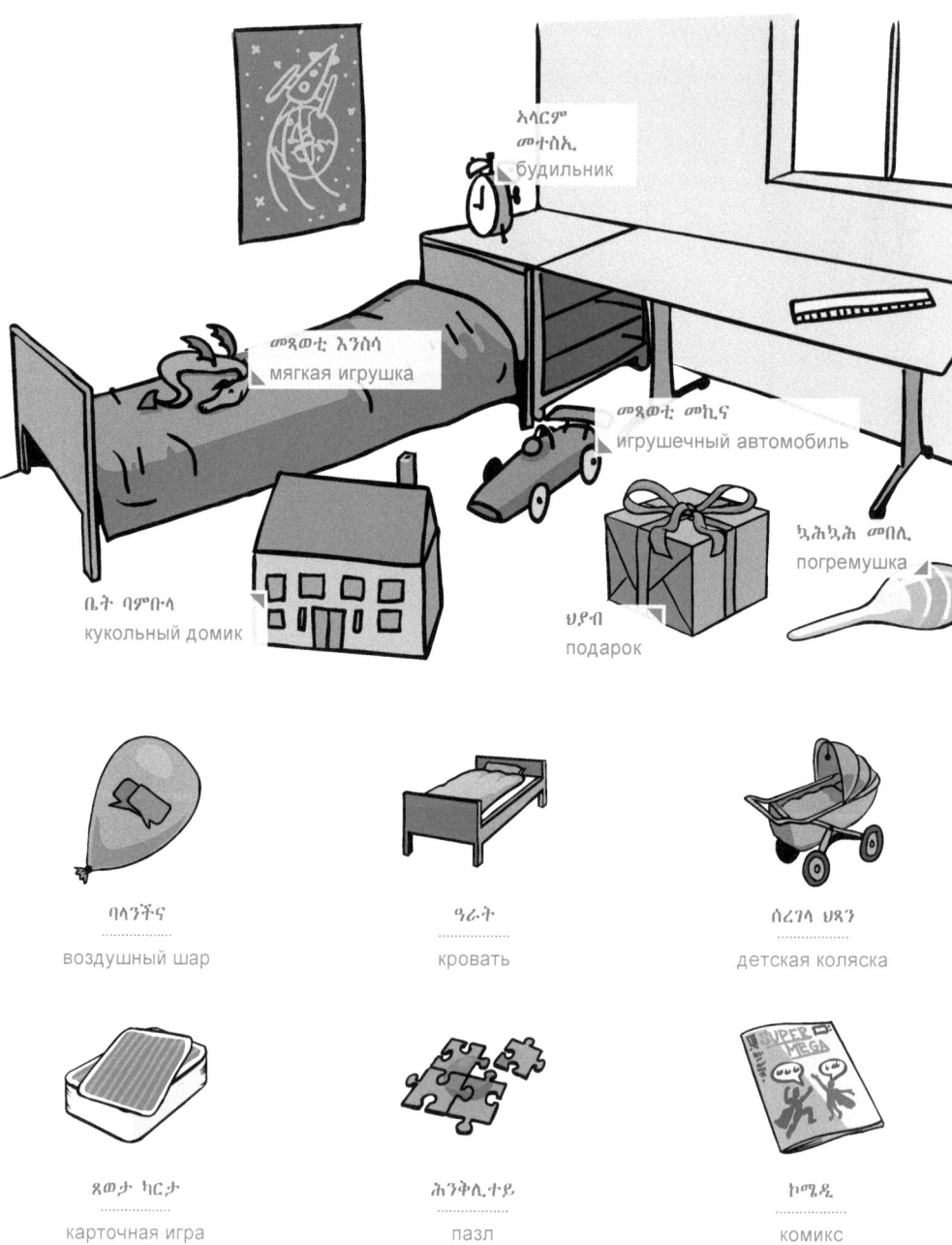

አላርም መተስኢ
будильник

መጻወቲ እንስሳ
мягкая игрушка

መጻወቲ መኪና
игрушечный автомобиль

ቤት ባምቡላ
кукольный домик

ህያብ
подарок

ኢሕኳሕ መበሊ
погремушка

ባላንቺና
воздушный шар

ዓራት
кровать

ሰረገላ ህጻን
детская коляска

ጸወታ ካርታ
карточная игра

ሕንቅልተይ
пазл

ኮሚዲ
комикс

እምንታት መጻወቲ ለጎ

кирпичики Лего

መጻወቲ እምንታት

кубики

በዓል አካቸን

игрушечная фигурка

ክዳን ማማይ

ползунки

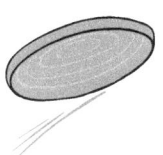

ፍሪስቢ

фрисби

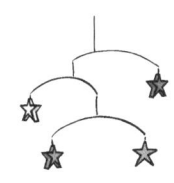

ሞባይል ማማይ

мобиле

ጸወታ ሰሌዳ

настольная игра

ኩቦ

кубик

ሞደል ባቡር ምድሪ

модель железной дороги

ዓባስ

соска

ፓርቲ

вечеринка

መጽሓፍ ስእሊ

книга с картинками

ኩዕሶ

мяч

ባምቡላ

кукла

ተጻወት

играть

መጻወቲ ሓጺ

песочница

ሰላ

качели

መጻወቲታት

игрушка

ኮንሶል ቪድዮ

игровая приставка

መጻወቲ ሰለስተ መንኮርኮር

трёхколесный велосипед

ተዲ

плюшевый медвежонок

ከብሒ ክዳን

шкаф для одежды

ክዳን

одежда

ካልስታት

носки

ነዊሕ ካልስታት

чулки

ስረ ካልሲ

колготки

ሻርባ
шарф

ጃላ
зонтик

ማልያ
футболка

ቁልፊ
ремень

ሪፋዕ
сапоги

ቺማ ገዥ
тапки

ስኒከርስ
кроссовки

ሽበጥ
сандалии

ቺማ
ботинки

ሪፋዕ ጎማ
резиновые сапоги

ሙታንታ
трусы

ክዳን ጡብ
бюстгальтер

ትሕተ ካሚቻ
майка

ክዳን - одежда

45

ቦዲ

боди

ስረ

брюки

ጄንስ

джинсы

ቀምሽ

юбка

ካምቻ

блузка

ካሚቻ

рубашка

ጉልፎ

свитер

ጎልፎ

свитер

ጃኬት

спортивная куртка

ጃከት

жакет

ጁባ

пальто

ክዳን ዝናብ

плащ

ኮስቱም

костюм

ቀምሽ

платье

ቀምሽ መርዓ

свадебное платье

ልብሲ.

мужской костюм

ካሚቻ ለይቲ

ночная сорочка

ክዳን ለይቲ

пижама

ሳሪ

сари

መሃረብ ርእሲ.

платок

ቱርባን

тюрбан

ቡርካ

паранджа

ካፍታን

кафтан

አባያ

абайя

ክዳን መሕምበሲ.

купальник

ስረ መሕምበሲ.

плавки

ሓጺር ስረ

шорты

ክዳን ታዕሊም

спортивный костюм

በጃ ክዳን

фартук

ጓንቲ

перчатки

መልጎም

пуговица

መነጽር

очки

በንናጅር

браслет

ማዕተብ

цепочка

ቀለበት

кольцо

ኩትሻ

серьга

ቆብዕ

шапка

መንበሪ ጁባ

вешалка

ባርኔጣ

шляпа

ካራባት

галстук

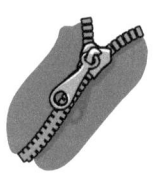

ሻርኔጣ

застежка молния

ሀልመት

шлем

መድለደል ስረ

подтяжки

ድቢዛ ቤትትምህርቲ

школьная форма

ድቢዛ

форма

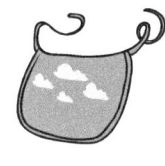

ሰደርያ ቆልዓ

детский нагрудник

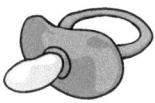

ዓባስ

соска

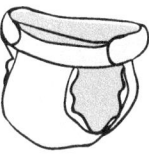

ጨርቂ ማማይ

подгузник

ቤት ጽሕፈት

офис

ሰርቨር
сервер
ከብሒ ሰነድ
канцелярский шкаф
ፕሪንተር
принтер
ወረቐት
бумага
ሞኒቶር
монитор
ኣንጭዋ
мышь
ጣውላ ምጽሓፍ
письменный стол
ሓጃፊ
папка
ኪቦርድ
клавиатура
ጎሓፍ ወረቐት
корзина для бумаг
ኮምፒተር
компьютер
መንበር
стул

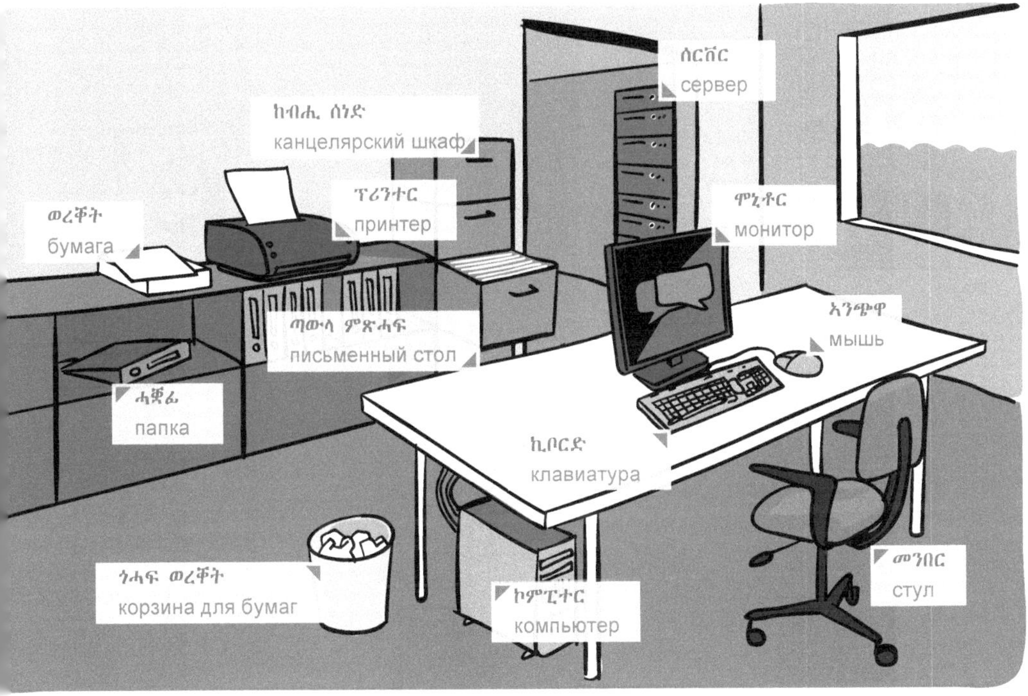

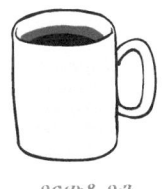

ብርጭቆ ቡን

кофейная кружка

ካልኩለተር

калькулятор

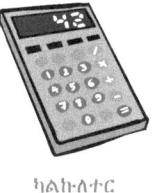

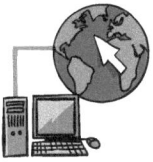

ኢንተርነት

интернет

ለፕቶፕ
....
ноутбук

ደብዳበ
....
письмо

መልእኽቲ
....
сообщение

ሞባይል
....
мобильный телефон

ነትወርክ/መርበብ
....
сеть

መቅድሒ ፎቶኮፒ
....
ксерокс

ሶፍትዌር
....
программа

ተለፎን
....
телефон

ሶከት ኢረንቲ
....
розетка

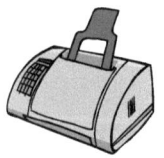

ፋክስ
....
факс

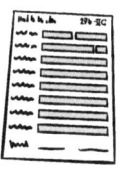

ፎርም
....
формуляр

ሰነድ
....
документ

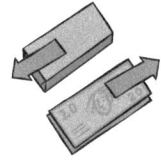

ገዝአ

покупать

ከፈለ

платить

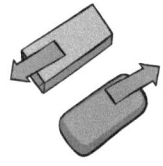

ነግዲ

торговать

ገንዘብ

деньги

ዶላር

доллар

ኦይሮ

евро

የን

иена

ሩብል

рубль

ስዊዝ ፍራንከን

франк

ረንሚንቢ ዩዋን

жэньминьби юань

ሩፒየ

рупия

መውጺኢ. ማሺን ገንዘብ

банкомат

በታ ቅያር ገንዘብ

пункт обмена валюты

ወርቂ

золото

ብሩር

серебро

ዘይቲ

нефть

ሓይሊ

энергия

ዋጋ

цена

ውዕል

договор

ቀረጽ

налог

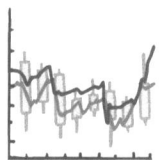

እኩብ ጥረ-ነገራት

акция

ሰርሒ

работать

ሰራሕተኛ

служащий

ኣስራሒ

работодатель

ትካል

фабрика

ዱኳን

магазин

በዓል ፖሊስ
милиционер

መጠፊኢ ሓዊ
пожарный

ከሻኒ
повар

ሓኪም
врач

መራሒ ነፋሪት
пилот

ሰራሕተኛ ጀርዲን

садовник

ጸራቢ ዕንጸይቲ

столяр

ሰፋይት

швея

ፈራዳይ

судья

ቀማሚ

химик

ተዋሳኢ

актёр

መራሒ አዉቶቡስ
....
водитель автобуса

አውቲስታ ታክሲ
....
таксист

ገፋፊ ዓሳ
....
рыбак

ጸራጊት
....
уборщица

ሃናጻይ ናሕሲ
....
кровельщик

አሰላፊ
....
официант

ሃዳናይ
....
охотник

ሰኣላይ
....
художник

እንዳ ሕብስቲ
....
пекарь

ኤለትሪከኛ
....
электрик

ሃናጺ አባይቲ
....
строитель

ሃንዳሲ
....
инженер

ሰሓሕተኛ እንዳ ስጋ
....
мясник

ድራብሊኮ
....
сантехник

አማላላሲ ፖስጣ
....
почтальон

ወታደር
....
солдат

መሃንድስ
....
архитектор

ተሓዝ ገንዘብ
....
кассир

ሰራሕተኛ ዕምባባ
....
флорист

ቀም ቃማይ
....
парикмахер

ፈተሪኖ
....
кондуктор

መካኒክ
....
механик

መራሒ መርከብ
....
капитан

ሓኪም ስኒ
....
зубной врач

ተመራማሪ
....
ученый

ራቢ
....
раввин

ኢማም
....
имам

ፈላሲ
....
монах

ቀሺ
....
священник

ሞያታት - профессии

ናውቲ

инструменты

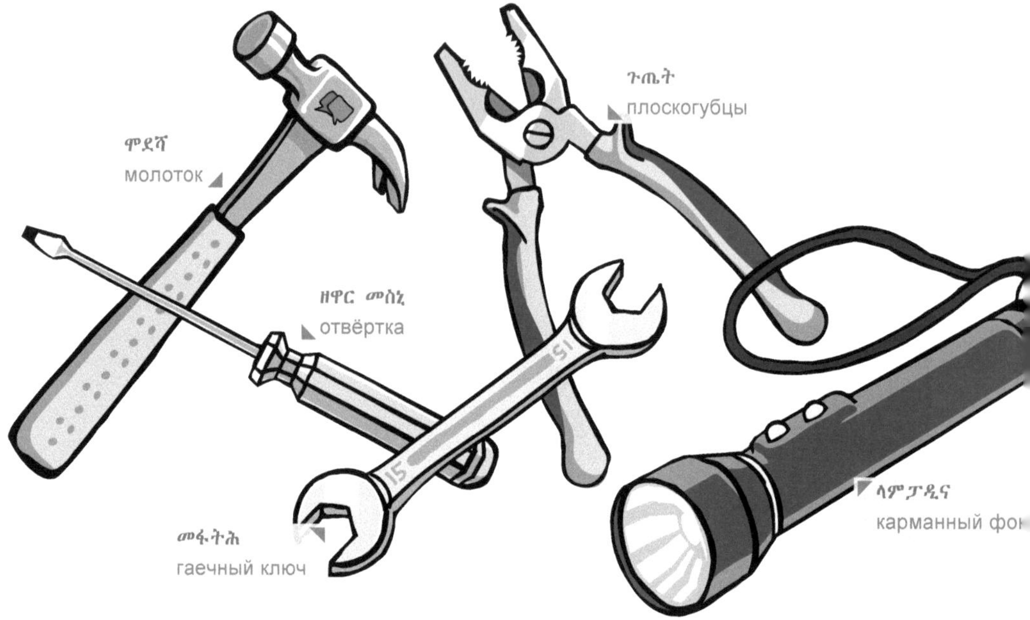

ሞደሻ
молоток
ጉጠት
плоскогубцы
ዘዋር መስኒ
отвёртка
መፍትሕ
гаечный ключ
ላምፓዲና
карманный фо

ፈሓሪ

экскаватор

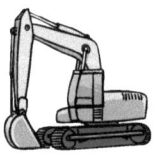

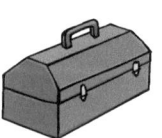

ናውቲ ቦክስ

ящик для инструментов

መደያይቦ

стремянка

መጋዝ

пила

መስማር

гвозди

ኰዓቲ

дрель

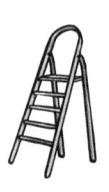

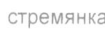

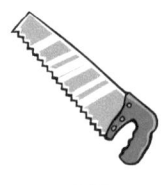

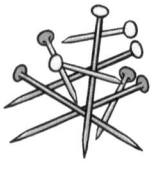

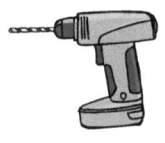

ምዕራይ
....
ремонтировать

ባደላ
....
лопата

አይ!
....
Блин!

መትሓዚ ዮርና
....
совок

ድስቲ ቀለም
....
ведро с краской

ካቻቢተ
....
винты

መሳርሒ ሙዚቃ
музыкальные инструменты

እስፒከር
громкоговоритель

ከበሮታት
ударный инструмент ◢

◣ ረጉድ ዓባይ
ጊታር
контрабас

ትሮምፐት
труба

ጊታር
гитара ◢

ፒያኖ

пианино

ቪዮሊን

скрипка

ባስ ጊታር

бас-гитара

ቲምንኢ

литавры

ከበሮ

барабан

ኦርጋን

синтезатор

ሳክሶፎን

саксофон

ሻምብቆ

флейта

ሚክሮፎን

микрофон

መሳርሒ ሙዚቃ - музыкальные инструменты

መካነ እንስሳታት

зоопарк

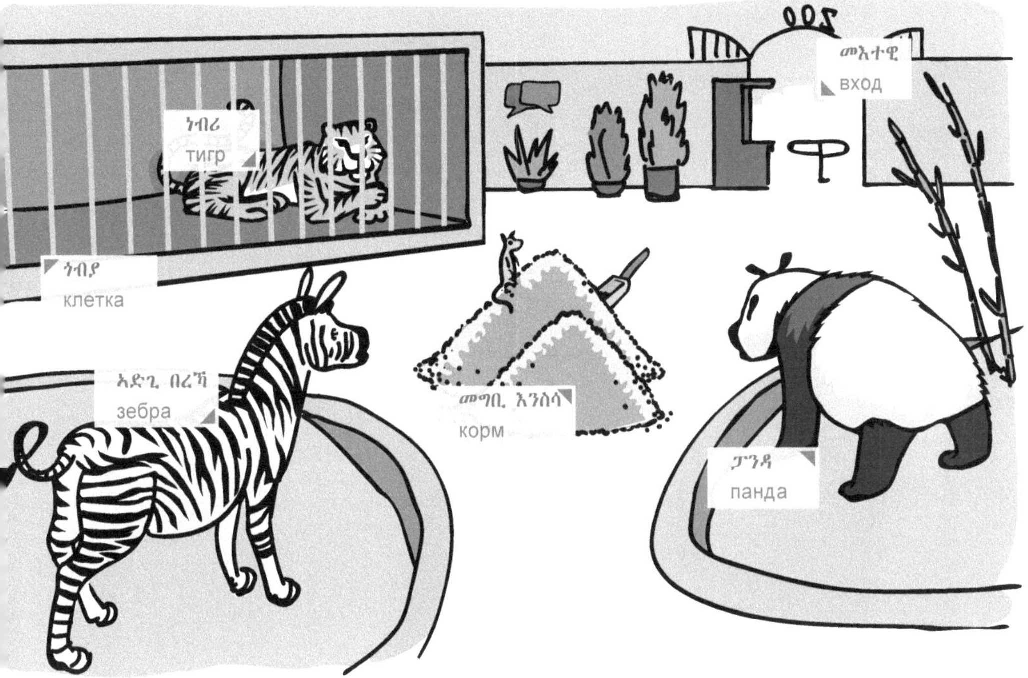

ZOO
ነብሪ
тигр
ጎብያ
клетка
ኣድጊ በረኻ
зебра
መግቢ እንስሳ
корм
ፓንዳ
панда
መእተዊ
вход

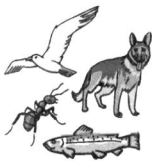

እንስሳታት

животные

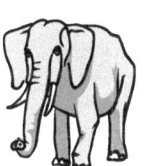

ሓርማዝ

слон

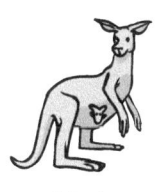

ካንጋሩ

кенгуру

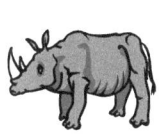

ሓሪሽ

носорог

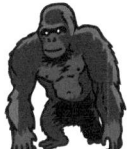

ጉሪላ

горилла

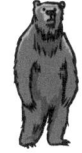

ድቢ

медведь

ገመል

верблюд

ሰገን

страус

አንበሳ

лев

ህበይ

обезьяна

ፍላሚንጎ

фламинго

ሕንጻይ

попугай

ድቢ በረድ

белый медведь

ፐንጉን

пингвин

ክልቢ ዓሳ

акула

ጣውስ

павлин

ተመን

змея

ሓርጻ

крокодил

ሓላዊ ቤት ገርዲሽ

служитель зоопарка

ዓሳ ዚምገብ እንስሳ ባሕሪ

тюлень

ጃጓር

ягуар

ሓጹር ፈረስ

пони

ነብሪ

леопард

ጉማሬ

бегемот

ጂራፍ

жираф

ሊላ

орёл

መፍለስ

кабан

ዓሳ

рыба

ጎብየ

черепаха

ዋልሩስ

морж

ወኻርያ

лиса

ሰሰሓ

газель

ናይ ኣሜሪካ ኩዑሶ እግሪ
американский футбол

ምግዋር ብሽግለታ
езда на велосипеде

ተኒስ
теннис

ባስከትባል
баскетбол

ምሕምባስ
плавание

ቦክሲንግ
бокс

ሆኪ በረድ
хоккей

ኩዑሶ እግሪ
футбол

ባድሚንቶን
бадминтон

እስፖርታዊ ንጥፈታት
лёгкая атлетика

ኩዑሶ ኢድ
гандбол

ስኪ
лыжный спорт

ፖሎ
поло

ሰሓቐ — смеяться

ነጠረ — прыгать

ሓቘፈ — обнимать

ከደ — идти

ደረፈ — петь

ሓለመ — мечтать

ጸለየ — молиться

ሰዓመ — целовать

ጸሓፈ
писать

ሰኣለ
рисовать

ኣርኣየ
показывать

ደፍአ
нажимать

ሃበ
давать

ወሰደ
брать

አለወ

иметь

ገበረ

делать

ኮነ

быть

ጠጠው በለ

стоять

ጎየየ

бежать

ሰሓበ

тянуть

ሰንደወ

бросать

ወደቐ

падать

ሓሰወ

лежать

ተጸበየ

ждать

ሰከመ

носить

ኮፍ በለ

сидеть

ተኸድነ

надевать

ደቀሰ

спать

ተስአ

просыпаться

ሪአየ

рассматривать

በኸየ

плакать

ብኣጻብዑ ደረዘ

гладить

መሸጠ

причесывать

ተዛረበ

говорить

ተረድአ

понимать

ሓተተ

спрашивать

ሰምዐ

слушать

ሰተየ

пить

በልዐ

кушать

ኣጸመጠ

наводить порядок

ኣፍቀረ

любить

ከሸነ

готовить

ዘወረ

ехать

ነፈረ

летать

ንጥፈታት - действия

ብመርከብ ገየሽ

ходить под парусом

ደመረ

считать

አንበበ

читать

ተመሃረ

учиться

ሰርሐ

работать

መርዓወ

вступать в брак

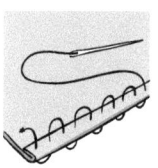

ሰፈየ

шить

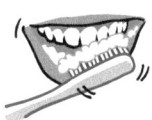

ጽሬት አስናን

чистить зубы

ቀተለ

убивать

ሽጋራ ተከሸ

курить

ሰደደ

отправлять

ዓባየ
бабушка

አቦሓጎ
дедушка

አቦ
папа

አደ
мама

ማማይ
младенец

ጓል
дочь

ወዲ
сын

ጋሻ
гость

ሓትኖ
тетя

አኮ
дядя

ሓው
брат

ሓፍቲ
сестра

ኣካላት

тело

ግንባር
лоб
ዓይኒ
глаз
ገጽ
лицо
መንከስ
подбородок
ኣጻብዕ
палец
ኢድ
кисть
ኣፍ-ልቢ
грудь
ምናት
рука
መንኩብ
плечо
ሽፋን እግሪ
нога

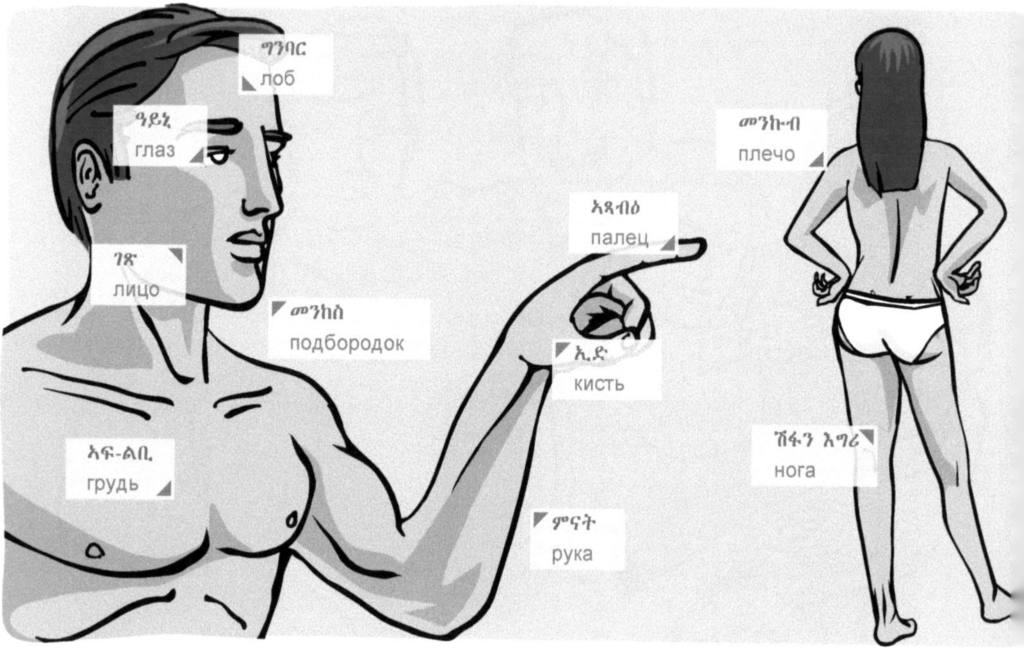

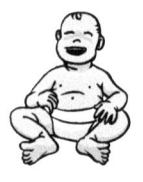

ማማይ

младенец

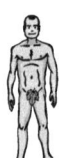

ሰብኣይ

мужчина

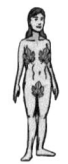

ሰበይቲ

женщина

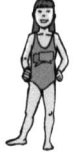

ጓል

девочка

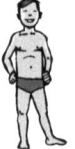

ወዲ

мальчик

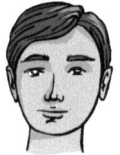

ርእሲ

голова

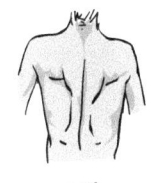

ሕቖ

спина

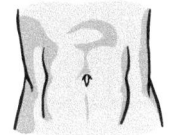

ከስዐ

живот

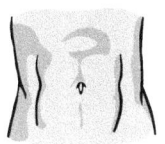

ሕምብርቲ

пупок

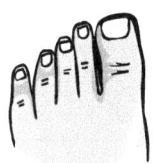

ኣጻብዕ እግሪ

палец ноги

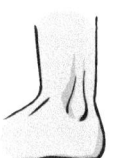

ኩርኹሪ

пятка

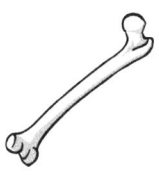

ዓጽሚ

кость

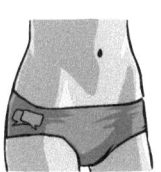

ምሕኩልቲ

бедро

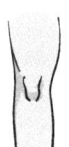

ብርኪ

колено

ፍግፍጉ

локоть

ኣፍንጫ

нос

መንኮር

ягодицы

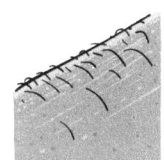

ቆርበት

кожа

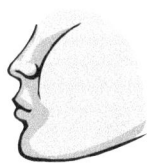

ምዕጉርቲ

щека

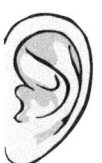

እዝኒ

ухо

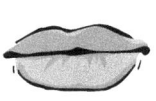

ከንፈር

губа

አፍ

рот

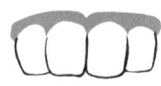

ስኒ

зуб

መልሓስ

язык

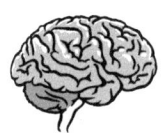

ሓንጎል

мозг

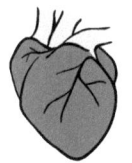

ልቢ

сердце

ጭዋዳ

мышца

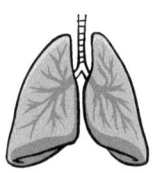

ሳንቡእ

лёгкое

ጸላም ከብዲ

печень

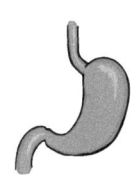

ከብዲ

желудок

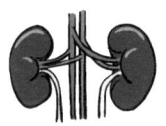

ኮሊት

почки

ግብረ ስጋ

половой акт

ኮንዶም

презерватив

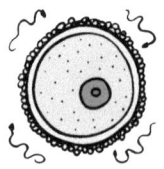

እንቋቍሓ

яйцеклетка

ዘርኢ ተባዕታይ

сперма

ጥንሲ

беременность

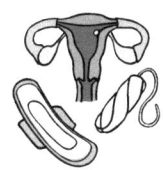

ድግየት
menstruation
менструация

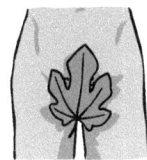

ርሕሚ
вагина

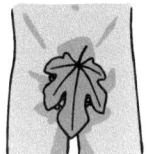

መትሎ
пенис

ሸፉሸፍቲ
бровь

ጸግሪ
волосы

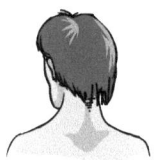

ክሳድ
шея

ሆስፒታል

больница

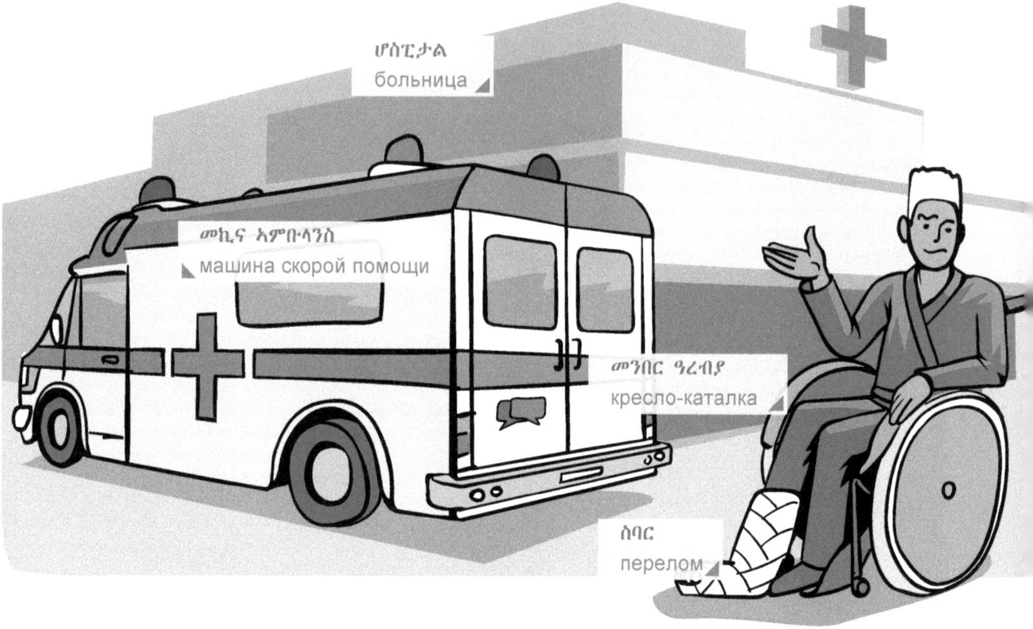

ሆስፒታል
больница
መኪና ኣምቡላንስ
машина скорой помощи
መንበር ዓረብያ
кресло-каталка
ስባር
перелом

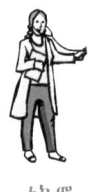

ሓኪም

врач

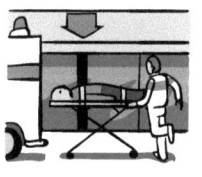

ክፍሊ ህጹጽ ረድኤት

пункт первой помощи

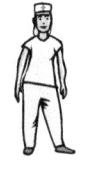

ኣላይት

медсестра

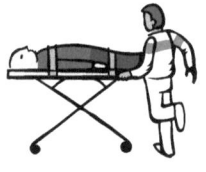

ህጹጽ ኩነት

неотложный случай

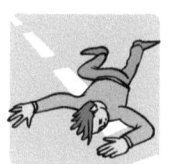

ውነኡ ዘጥፍአ

без сознания

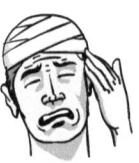

ቃንዛ

боль

ጉድኣት

повреждение

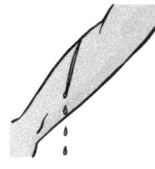

ደም

кровотечение

ማህረምቲ

инфаркт

ማህረምቲ

инсульт

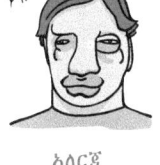

ኣለርጂ

аллергия

ሰዓል

кашель

ረስኒ

овышенная температура

ኡንፍልወንዛ

грипп

ውጽኣት

понос

ቃንዛ ርእሲ

головная боль

መንሽሮ

рак

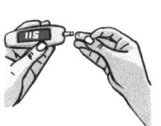

ሹኮርያ

диабет

ሓኪም መጥባሕቲ

хирург

መጥብሒ

скальпель

መጥባሕቲ

операция

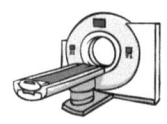

CT

КТ

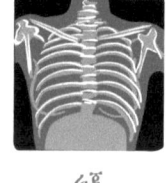

ራዲ

рентген

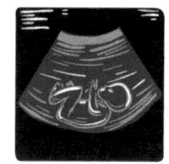

ልዕለ ድምጻዊ

ультразвук

መሸፈኒ ገጽ

маска

ሕማም

болезнь

ክፍሊ ምጽባይ

приёмная

ምርኩስ

костыль

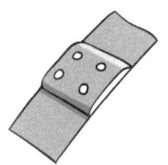

መጅነኒ ቁስሊ

пластырь

መጅነኒ

бинт

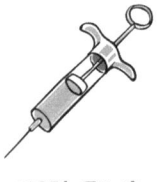

መርፍዕ ምውጋእ

укол

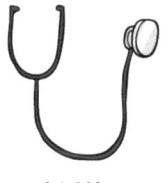

ስተቶስኮፕ

стетоскоп

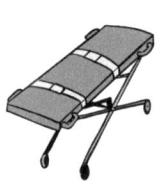

መሰከሚ ሕማም

носилки

ቴርሞመተር

термометр

ትውልዲ

рождение

ልዕለ-ሚዛን

избыточный вес

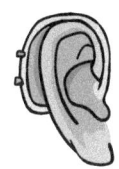

ሓገዝ ምስማዕ

слуховой аппарат

ኣንጻሂ

дезинфекционное
средство

ልበዳ

инфекция

ቫይረስ

вирус

ኤድስ

ВИЧ / СПИД

ሕክምና

лекарство

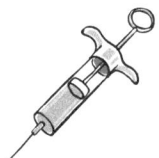

ክታበ

прививка

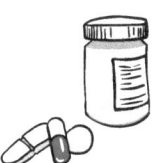

ከኒና

таблетки

ከኒና

противозачаточная
таблетка

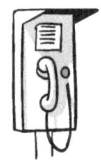

ህጹጽ ምድዋል

экстренный вызов

መዕተኒ ጸቕጢ ደም

прибор для измерения
кровяного давления

ሕሙም / ጥዑይ

больной / здоровый

ሓገዝ

Помогите!

ምህጃም

нападение

መጥቃዕቲ

атака

ድንገት

опасность

ህጹጽ መውጽኢ

запасной выход

ሓዊ!

Пожар!

መጥፍኢ ሓዊ

огнетушитель

ሓደጋ

несчастный случай

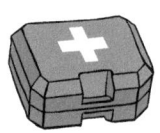

ሳንጣ ቀዳማይ ረድኤት

аптечка

SOS

SOS

ፖሊስ

милиция

ኤውሮጳ

Европа

ሰሜን አመሪካ

Северная Америка

ደቡብ አመሪካ

Южная Америка

አፍሪቃ

Африка

ኤስያ

Азия

አውስትራልያ

Австралия

አትላንቲክ

Атлантический океан

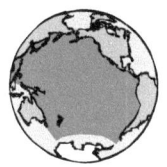

ፓሲፊክ

Тихий океан

ህንዳዊ ዉቅያኖስ

Индийский океан

አንታርቲካዊ ዉቅያኖስ

Антарктический океан

አርክቲካዊ ዉቅያኖስ

Северный Ледовитый океан

ሰሜናዊ ዋልታ

Северный полюс

ደቡባዊ ዋልታ
....
Южный полюс

አንታርቲካ
....
Антарктика

ምድሪ
....
земля

መሬት
....
суша

ባሕሪ
....
море

ደሴት
....
остров

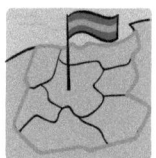

ሃገር
....
нация

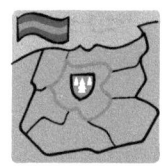

ዓዲ
....
государство

ገጽ ሰዓት

циферблат

አመልካቲ ሰዓታት

часовая стрелка

አመልካቲ ደቓይቝ

минутная стрелка

አመልካቲ ካልኢት

секундная стрелка

ሰዓት ክንደይ ኣሎ?

Который час?

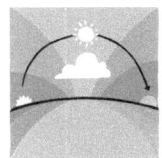

መዓልቲ

день

ግዜ

время

ሕጂ

сейчас

ዲጂታል ሰዓት

электронные часы

ደቒቝ

минута

ሰዓት

час

ሰኑይ
понедельник

ረቡዕ
среда

ዓርቢ
пятница

ሰሉስ
вторник

ሓሙስ
четверг

ቀዳም
суббота

ሰንበት
воскресенье

ትማሊ
вчера

ሎሚ
сегодня

ጽባሕ
завтра

ንጉሆ
утро

ቀትሪ
полдень

ምሸት
вечер

መዓልታት ስራሕ
рабочие дни

መወዳእታ ሰሙን
выходные

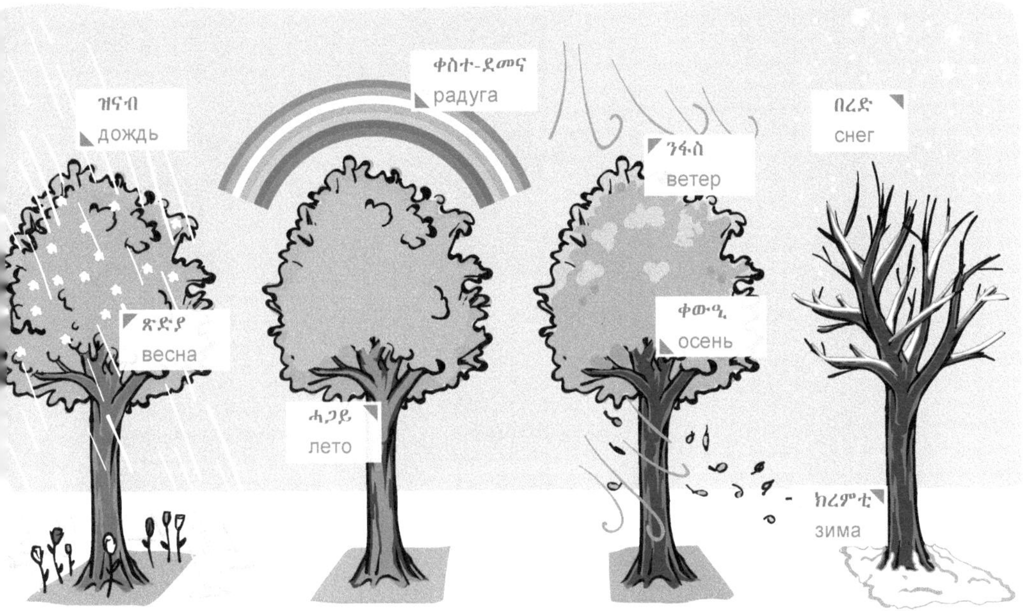

ዝናብ
▶ дождь

ቀስተ-ደመና
▶ радуга

ንፋስ
ветер

በረድ ◤
снег

ጽድያ
весна

ሓጋይ
лето

ቀውዒ
▶ осень

ክረምቲ
зима

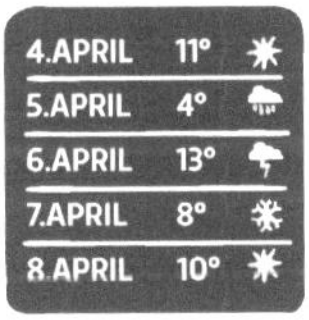

ትንቢት ኩነታት ኣየር
прогноз погоды

ቴርሞመተር
термометр

ብርሃን ጸሓይ
солнечный свет

ደበና
туча

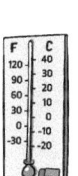

ግመ
туман

ጠሊ
влажность воздуха

ብርቂ

молния

ነጕዳ

гром

ህቦብላ

буря

በረድ

град

ብርቱዕ ህቦብላ

муссон

ውሕጅ

наводнение

በረድ

лёд

ጥሪ

январь

ለካቲት

февраль

መጋቢት

март

ሚያዝያ

апрель

ጉንበት

май

ሰነ

июнь

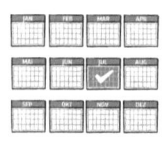

ሓምለ

июль

ነሓሰ

август

ዓመት - год

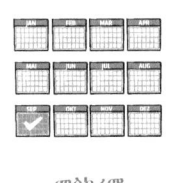

መስከረም

сентябрь

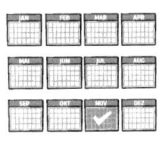

ጥቅምቲ

октябрь

ሕዳር

ноябрь

ታሕሳስ

декабрь

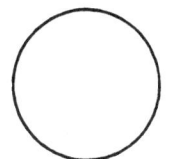

ዙርያ

круг

ትርብዒት

квадрат

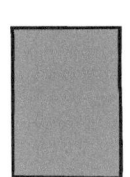

ቅኑዕ ርቡዕ ኵርናዕ

прямоугольник

ስሉስ ኵርናዕ

треугольник

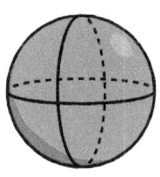

ክቢ

шар

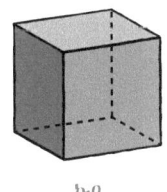

ኲቦ

куб

ጸዐዳ

белый

ብጫ

желтый

ኣራንሺ

оранжевый

ፒንክ

розовый

ቀይሕ

красный

ጁኽ

лиловый

ሰማያዊ

синий

ቀጠልያ

зелёный

ቡናዊ

коричневый

ሓሙኽሽታይ

серый

ጸሊም

черный

противоположности

ብዙሕ / ውሑድ

много / мало

ሕሩቅ / ሰላማዊ

яростный / мирный

ጽቡቅ / ክፉእ

красивый / уродливый

መጀመርያ / መወዳእታ

начало / конец

ዓቢ / ንእሽቶ

большой / маленький

ብሩህ / ጸልማት

светлый / темный

ሓው / ሓፍት

брат / сестра

ጽሩይ / ርሳሕ

чистый / грязный

ምሉእ / ዘይምሉእ

полный / неполный

መዓልቲ / ለይቲ

день / ночь

ሙዉት / ህልው

мёртвый / живой

ሰፊሕ / ጸቢብ

широкий / узкий

ደስ ዘበል / ደስ ዘይብል

съедобный / несъедобный

እኩይ / ህያዋይ

злой / дружелюбный

ርቡጽ / ስልኩይ

взволнованный /
скучающий

ረጊድ / ቀጢን

толстый / худой

ቀዳማይ / ናይ መወዳእታ

сначала / в конце

ዓርኪ / ጸላኢ

друг / враг

ምሉእ / ባዶ

полный / пустой

ተረር / ልስሉስ

твёрдый / мягкий

ከቢድ / ፈኩስ

тяжёлый / легкий

ጥምየት / ጽምየት

голод / жажда

ሕሙም / ጥዑይ

больной / здоровый

ዘይሕጋዊ / ሕጋዊ

незаконный / законный

መስተውዓሊ / ስዲ

умный / глупый

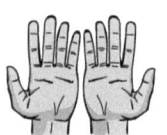

ጸጋም / የማን

слева / справа

ቐረባ / ርሑቕ

близко / далеко

ሓዲሽ / ብሉይ

новый / подержанный

ዋላ ሓደ / ገለ

ничто / нечто

ዓቢ./ኣረጊት / መንእሰይ

старый / молодой

ወልዕ / ኣጥፍእ

включено / выключено

ክፉት / ዕጹው

открыто / закрыто

ህዱእ / ዓው

тихо / громко

ሃብታም / ድኻ

богатый / бедный

ቅኑዕ / ግጉይ

правильный /
неправильный

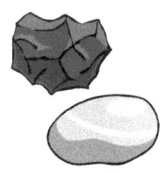

ሓርፋፍ / ልሙጽ

шероховатый / гладкий

ጉሁይ / ሕጉስ

печальный / счастливый

ሓጺር / ነዊሕ

короткий / длинный

ቀስ / ቅልጡፍ

медленный / быстрый

ጥሉል / ንቑጽ

мокрый / сухой

ምዉቕ / ዝሑል

тёплый / прохладный

ውግእ / ሰላም

война / мир

0

ዜሮ

ноль

1

ሓደ

один

2

ክልተ

два

3

ሰለስተ

три

4

ኣርባዕተ

четыре

5

ሓሙሽተ

пять

6

ሽዱሽተ

шесть

7

ሸውዓተ

семь

8

ሸሞንተ

восемь

9

ትሽዓተ

девять

10

ዓሰርተ

десять

11

ዓሰርተ ሓደ

одиннадцать

12
ዓሰርተ ክልተ
двенадцать

13
ዓሰርተ ሰለስተ
тринадцать

14
ዓሰርተ ኣርባዕተ
четырнадцать

15
ዓሰርተ ሓሙሽተ
пятнадцать

16
ዓሰርተ ሽዱሽተ
шестнадцать

17
ዓሰርተ ሸውዓተ
семнадцать

18
ዓሰርተ ሸሞንተ
восемнадцать

19
ዓሰርተ ትሽዓተ
девятнадцать

20
ዕስራ
двадцать

100
ሚእቲ
сто

1.000
ሽሕ
тысяча

1.000.000
ሚልዩን
миллион

እንግሊዝኛ

английский

አመሪካዊ እንግሊዛዊ

американский английский

ቻይናዊ ማንዳሪን

мандаринский китайский

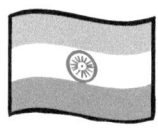

ሂንዳዊ

хинди

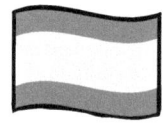

እስጳኛዊ

испанский

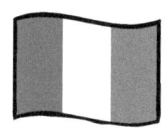

ፈረንሳዊ

французский

ዓረባዊ

арабский

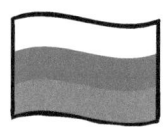

ሩሲያዊ

русский

ፖርቱጋላዊ

португальский

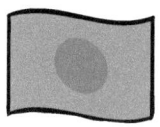

በንጋሊ

бенгальский

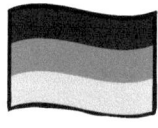

ጀርመናዊ

немецкий

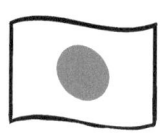

ጃፓናዊ

японский

አነ

я

ንስኻ/ኺ

ты

ንሱ / ንሳ / ንሱ

он / она / оно

ንሕና

мы

ንስኻ

вы

ንሳቶም

они

መን?

кто?

እንታይ?

что?

ከመይ?

как?

ኣበይ?

где?

መዓስ?

когда?

ሽም

имя

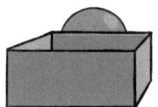

ድሕሪ

за

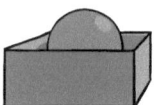

ኣብ

в

ኣብ ቅድሚ

перед

ኣብ ላዕሊ

над

ኣብ ልዕሊ

на

ትሕቲ ምድሪ

под

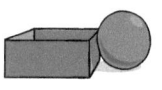

ኣብ ጥቓ

рядом

ኣብ መንጎ

между

በታ

место